U0756254

火星日记

指导用书

著者：[英]露西·霍金
译者：何一杭

CTS K 湖南科学技术出版社·长沙

First published 2020
by Curved House Kids Ltd
61 Bridge Street
Kington, HR5 3DJ
United Kingdom
www.thecurvedhouse.com
info@thecurvedhouse.com

Written by Lucy Hawking with Kristen Harrison, Lucie Stevens and a team
of primary educators : Paul Cameron, Hannah Chivers, Laura Cowan,
Ceri DeRoy-Jones, Liz Grant, Claire Loizos, Heather MacRae, Sean
Monaghan and Nicola Sivier
Illustrated by Ben Hawkes
Designed by Alice Connew
Typeset by Constantin Nimegean
Editorial Management by Lucie Stevens
Maze by Jan Boström/JGB Services

Acknowledgements
The Principia Space Diary was developed with support from the UK Space
Agency and European Space Agency astronaut, Tim Peake. Special thanks
to Susan Buckle, Lorraine Conroy, Jeremy Curtis, Libby Jackson, Professor
Peter McOwan (Queen Mary University London) and to all the inspiring
STEM experts featured in this book.

A CIP record for this book is available from the British Library.
ISBN 978-1-913269-13-5

discoverydiaries.org

WITH SPECIAL THANKS TO

编辑前言

《太空日记》系列是英国著名作家露西·霍金为7至11岁的学生创作的一套趣味科学课程。

因本系列丛书引进自英国，原版的网址链接等信息资源我们已下载，以便中国读者查阅和使用（详见本书结尾处的二维码）。即便如此，仍有极少数原版英国网站中的内容我们无法顺利获取或未确权，该部分内容读者可访问书中网址链接自行下载和浏览。

为尊重原著和保护读者查找信息的权利，本书中所有英国网站均作了保留，正文中不再逐一说明，请大家以原文中的网址链接和本书二维码中的数字内容为准。

衷心感谢读者朋友们的理解，希望读者们如愿开启太空之旅。

目录

简介

关于本课程

《火星日记》是跨学科小学STEM课程，它通过可视化、创新性和个性化的教学方式给老师和学生赋能。课程内容包括22项教学活动，配有教学笔记、课程计划、教学时间安排表、量身定制的课程指南、差异化教学思路以及数字和网络资源，确保教学灵活高效。

《火星日记》由作者露西·霍金以及一个教育专家团队合作开发，并获得了英国航天局及欧洲航天局的支持和专业指导。书中每项活动都将STEM主题与其他学科，如英语、艺术/设计、地理等结合在一起。这种跨学科的学习方法让那些对该领域缺乏信心的学生更容易接受，也为教师甄选教学资料提供了一定的灵活性。在培养科学能力的同时，也培养了诸如自律、沟通、毅力、团队合作等非认知技能。

如何使用本书？

这本书涵盖了《火星日记》这门课程需要掌握的所有知识点。本书共分为六章，它将带领学生踏上火星探险之旅，从任务的准备，到队员的招募，从设计火星生命漫游车，进行太空实验，到建立定居点。每项活动都被设计成灵活且独立的单元，所以你既可以按顺序教学，也可以任意挑选那些适合你现有教学计划的内容。

你将会发现书中每章的每项教学活动都附有可随时打印的教学笔记，提供了背景知识、教学建议、课堂提问、拓展活动和教学小贴士等内容。书中还为你提供了课程所需的资料清单，以及可以获得更多资源的资料包。

我们准备了一些额外的资料帮助老师减少备课的时间，你可以在教学工具包找到三份教学时间安排表，分别适用于一个星期、半学期或者一个学期的教学安排。当然你还可以找到一张空白的课程计划表，以及巩固学生所学内容的反馈表。

"《太空日记》系列图书推出第一年就大受欢迎，学生对这个项目非常感兴趣，他们把日记带回家，和父母一起讨论学到的知识"。

28000 位来自非学校教育机构的学生参与该课程

注册学生总数达 97000 人

60 余小时以上的 STEM 活动，教学笔记全面覆盖

"学生都很喜欢这门课。课程中的互动元素让他们从一开始就十分投入。课程的时间安排也十分高效、内容安排灵活，能够兼顾能力优秀和基础较差的学生，以适合自己的速度取得进步。"

艾米·布罗德曼，小学教师

引导并激励学生

《火星日记》项目备有任务徽章，当学生完成相应章节时，可以奖励给他们。这些徽章可以从下文中找到。《火星日记》是一本个性化的工作簿，非常受学生欢迎，它能鼓励学生持续参与项目的学习，并给学生（和老师）留下一份珍贵的记录。

量身定制的课程指导

为 14880 名贫困地区学生免费提供教科书

我们为英国的教育工作者准备了针对英格兰、北爱尔兰、苏格兰和威尔士的课程指南的个性化版本，将每个活动与当地的课程衔接起来。该指南还包差异化的教学思路，给需要的学生提供帮助，给有余力的学生提供提升空间。请从discoverydiaries.org下载该指南，网站上还有丰富的辅助材料供你使用。

探险日记网站

为 1200 多所学校免费提供 20600 册教科书

从我们的官网discoverydiaries.org可以获取火星日记项目所需的一切资料。访问网址、创建你的帐户、登录后就能访问课程指导、PPT幻灯片、图像包、视频和有用的链接。点击工具栏中的"资源（Resources）"按钮，选择"星系日记"（Deep Space Diary），可以找到所有的文献资源。你可以检索每章的内容，也可以使用"挑选和混合（Pick-and Mix）"的过滤功能，按项目、主题、学习方法或年级等进行搜索。

为激励学生学习，网站还包含了"专家面对面"栏目，里面有各类STEM专家。你也可以在我们的社区页面上找到教学方法和太空信息的分享文章。网站上的所有资源供你免费下载和分享。只需登录即可，开启你的任务吧！

我们的课程行之有效

350 个在家教育家庭参与课程

《太空日记》系列图书模式结合了可视化、多模式和跨学科的学习方法，确保每个学生都能找到一个入口，融入复杂的STEM课程学习。课程鼓励学生去想象、提问、研究、观看、分析，"像科学家一样思考"并解决问题。这种独特的、整体性的方法确保每个学生都能充分地协作、参与。

个性化日记和任务徽章对学生的付出给予肯定，进一步鼓励他们深度持续地参与STEM课程。《太空日记》得到了英国航天局的支持与帮助，欧洲航天局的宇航员提姆·匹克协助我们完成了《原理号太空日记》。在对提姆主题教育推广项目的评估中，英国航天局将《太空日记》列为三个最优秀的教育项目之一。

教师工具包

教师工具包包含一系列帮助你规划、组织和评估《火星日记》课程的资料。按照书中推荐的教学时间安排表，可以组织一个星期、半个学期或整个学期的课程。参考书中的课程指南，可以了解每项活动如何衔接你所在区域的课程；使用课程计划模板为每节课做准备；运用学生反馈表，评估学生对课程的掌握程度。我们的工具包里还有学生完成课程相应阶段使用的徽章和结课证明。

这部分包括哪些内容？

课程关联快速指南

教学时间安排表

课程计划表

学生反馈表

词汇游戏模板

专家面对面

课程规划笔记

课程关联快速指南

课程编号	活动内容	时长	小学科学/科学方法	数学/计算能力	英语/读写能力	计算机	设计与技术（D&T）	地理	历史	艺术/设计	音乐	精神，道德，社会，文化（SMSC）
活动1.1	生命迹象	45分钟	✓	✓	✓			✓		✓		
活动1.2	创造历史	30分钟	✓	✓	✓				✓			✓
活动1.3	火星小测试	15分钟	✓		✓							✓
活动1.4	给提姆的一封信	60分钟	✓		✓							✓
活动2.1	飞向远方	45分钟		✓	✓							✓
活动2.2	招募宇航员	45分钟			✓					✓		✓
活动2.3	超多的行季	30分钟								✓		✓
活动2.4	设计你的飞船	60—90分钟	✓				✓			✓		
活动3.1	火星天气	60—90分钟	✓	✓			✓	✓				✓
活动3.2	爆炸性新闻	90分钟	✓		✓							
活动3.3	巨大的山脉	60分钟	✓	✓			✓					
活动3.4	设计你的火星生命漫游车	30分钟				✓	✓					
活动4.1	团队合作	60分钟	✓	✓	✓	✓		✓				✓
活动4.2	漫游车的发现	30分钟	✓			✓	✓					
活动4.3	火星力学	60分钟	✓	✓		✓	✓					
活动4.4	太空实验室	60分钟	✓				✓	✓				
活动5.1	城市规划者	45分钟	✓	✓			✓					
活动5.2	室内生态植物园	45分钟	✓		✓	✓	✓					✓
活动5.3	给城市供能	45分钟	✓		✓							✓
活动5.4	保卫你的城市	45分钟	✓		✓							✓
活动6.1	火星上的周末	45分钟	✓		✓							✓
活动6.2	X星球	60—90分钟	✓		✓					✓		
活动6.3	太空单词表	30分钟	✓		✓					✓	✓	
共计	单词检索	15分钟	✓		✓							

教学时间安排表
太空主题周

一个沉浸式、跨学科的太空主题周

太空日记

	星期一 火星任务	星期二 飞向火星	星期三 火星生命漫游车	星期四 空间科学	星期五 火星上的生活
早晨	介绍（15分钟） **活动 1.1** 生命迹象（45分钟） **活动 1.2** 创造历史（30分钟）	**活动 2.3** 超多的行李（30分钟） **活动 2.4** 设计你的飞船（60—90分钟）	**活动3.2** 爆炸性新闻（90分钟）	**活动4.3** 火星力学（60分钟） **活动4.4** 太空实验室 （设定并讨论假定）	**活动5.3** 给城市供能（45分钟） **活动5.4** 保卫你的城市（45分钟）
课间休息					
上午	**活动1.3** 火星小测试 **活动1.4** 给提姆的一封信（60分钟） 自评估问答	**活动2.4 继续** （可以用一个2升的矿泉水瓶制作跟踪脚火箭发射器）	**活动3.3** 巨大的山脉（60分钟） **活动3.4** 设计你的漫游车（30分钟）	**活动4.4** 继续太空实验室（60分钟）	**活动6.1** 火星上的周末（45分钟） **活动6.3** 太空词汇表
午餐					
下午	**活动2.1** 飞向远方（45分钟） **活动2.2** 招募宇航员（45分钟）	**活动3.1** 火星上的天气（60—90分钟）	**活动4.1** 团队合作（60分钟） **活动4.2** 漫游车的发现（30分钟）	**活动5.1** 城市规划者（45分钟） **活动5.2** 室内生态植物园（45分钟）	**活动6.2** X星球（60—90分钟） 任务汇报——分享和反馈，问答环节
家庭作业（可选）	设计你自己的行星/太阳系模型或海报图表		制作自己的漫游车 以火星为灵感作画 以火星为灵感写作	以太空为灵感写作	

教学时间安排表 一学期

整学期每周安排60分钟科学课

周次	建议活动内容		课程衔接	家庭作业（可选）
第一周	活动 1.1	生命迹象	数学，英语，数字能力	根据你自己的研究，制作一份有关火星的非时序报告或海报
	活动 1.2	创造历史		
第二周	活动 1.2	创造历史	英语，历史，社会研究	设计一份试题
	活动 1.4	给提姆的一封信		
第三周	活动 2.1	飞向远方	数学	制作自己的行星或太阳系模型
第四周	活动 2.2	招募宇航员	英语，科技，户外训练课程	设计一份自己的太空简历，想象一下，自己作为宇航员应该具备哪些能力
	活动 2.3	超多的行星		
第五周	活动 2.4	设计你的飞船	设计与艺术	记录一周的气象日记—下周讨论
第六周	活动 3.1	火星天气	地理，数学，社会研究	找一张地球上的山的照片，你能找到珠穆朗玛峰吗
第七周	活动 3.2	爆炸性新闻	英语，道德，社会，文化	用智能电话或其他设备为电视或广播录制新闻节目
第八周	活动 3.3	巨大的山脉	地理，艺术	活动3.4：设计你自己的火星生命漫游车
第九周	活动 4.1	团队合作	数学，电脑，设计与艺术，精神，道德，社会，文化	活动4.2：漫游车的发现
第十周	活动 4.3	火星力学	设计与艺术，精神，道德，社会，文化	在你家里能找到哪种齿轮、杠杆、滑轮和开关呢？
第十一周	活动 4.4	太空实验室	精神，道德，社会，文化	对于太空和火星，你想了解什么？
第十二周	活动 5.1	城市规划者	地理，设计与艺术，社会研究，艺术	了解可再生和不可再生能源的不同来源
	活动 5.2	室内生态植物园		
第十三周	活动 5.3	给城市供能	地理，科技，艺术	从报纸杂志上找一下旅游地点、度假目的地或国家的广告
	活动 5.4	保卫你的城市		
第十四周	活动 6.1	火星上的周末	英语，音乐	将太空词汇表写成一首诗、一首歌或一个短故事
	活动 6.3	太空词汇表		
第十五周	活动 6.2	X星球	英语，艺术	为×星球设计一张假想地图（或方向）

建议活动内容		课程衔接	家庭作业（可选）
第一周	活动 1.1 生命迹象 活动 1.2 创造历史 活动 1.3 火星小测试	数学，英语，历史，社会研究，数字能力	根据你自己的研究，制作一份有关火星的非时序报告或海报
第二周	活动 1.4 给提姆的一封信 活动 2.1 飞向远方 活动 2.2 招募宇航员	英语，数学，户外训练课程	制作自己的行星或太阳系模型
第三周	活动 2.3 超多的行李 活动 2.4 设计你的飞船	设计与艺术，精神，道德，社会，文化，艺术	记录一周的气象日记——下节课讨论
第四周	活动 3.1 火星天气 活动 3.2 爆炸性新闻	数学，地理，英语，社会研究，精神，道德，社会、文化	找一张地球上的山照片，你能找到珠穆朗玛峰的图片吗？
第五周	活动 3.3 巨大的山脉 活动 4.1 团队合作	数学，电脑，设计与艺术，地理，艺术，精神，道德，社会，文化	活动3.4：设计你自己的火星生命漫游车
第六周	活动 4.3 火星力学 活动 4.4 太空实验室	设计与艺术，精神，道德，社会、文化	活动4.2：漫游车的发现
第七周	活动 5.1 城市规划者 活动 5.2 室内生态植物园 活动 5.3 给城市供能	设计与艺术，艺术，地理，社会研究	从报纸杂志上找旅游地点，度假目的地或国家的广告
第八周	活动 6.1 火星上的周末 活动 6.3 No.1太空词汇表 活动 6.2 X星球	英语，音乐，艺术	将太空词汇编写成一首诗，一首歌或一个短故事

课程计划

课程目标：

课程链接：

缺席学生：

引子／开场白：	主要活动：
学生反馈：	差异化教学方案：
跟进内容：	下一步安排：

反馈

用所学知识设计一张思维导图，你能把学到的
知识用图表或卡通的形式表达出来吗？

回顾

写下你对所学习内容的体会：

回顾！

总结一下学到的内容，列一个清单吧：

1. _____

2. _____

3. _____

4. _____

5. _____

6. _____

7. _____

8. _____

9. _____

10. _____

回顾！

用学到的知识出一套测试题，考考你的朋友吧！

	正确	错误
1. _____	☐	☐
2. _____	☐	☐
3. _____	☐	☐
4. _____	☐	☐
5. _____	☐	☐
6. _____	☐	☐
7. _____	☐	☐

词汇找找看

选择 8 个太空主题的单词，将单词的字母以垂直向上、垂直向下、水平向前、水平向后的顺序或对角线方式填入下面格子中，其他的格子里随机填入任意字母，向你的朋友发发起挑战吧！

把你所
选的单
词写在
这里

词汇找找看

选择 8 个太空主题的单词，将单词的字母以垂直向上、垂直向下、水平向前、水平向后的顺序或对角线方式填入下面格子中，其他的格子里随机填入任意字母，向你的朋友发发起挑战吧！

把你所
选的单
词写在
这里

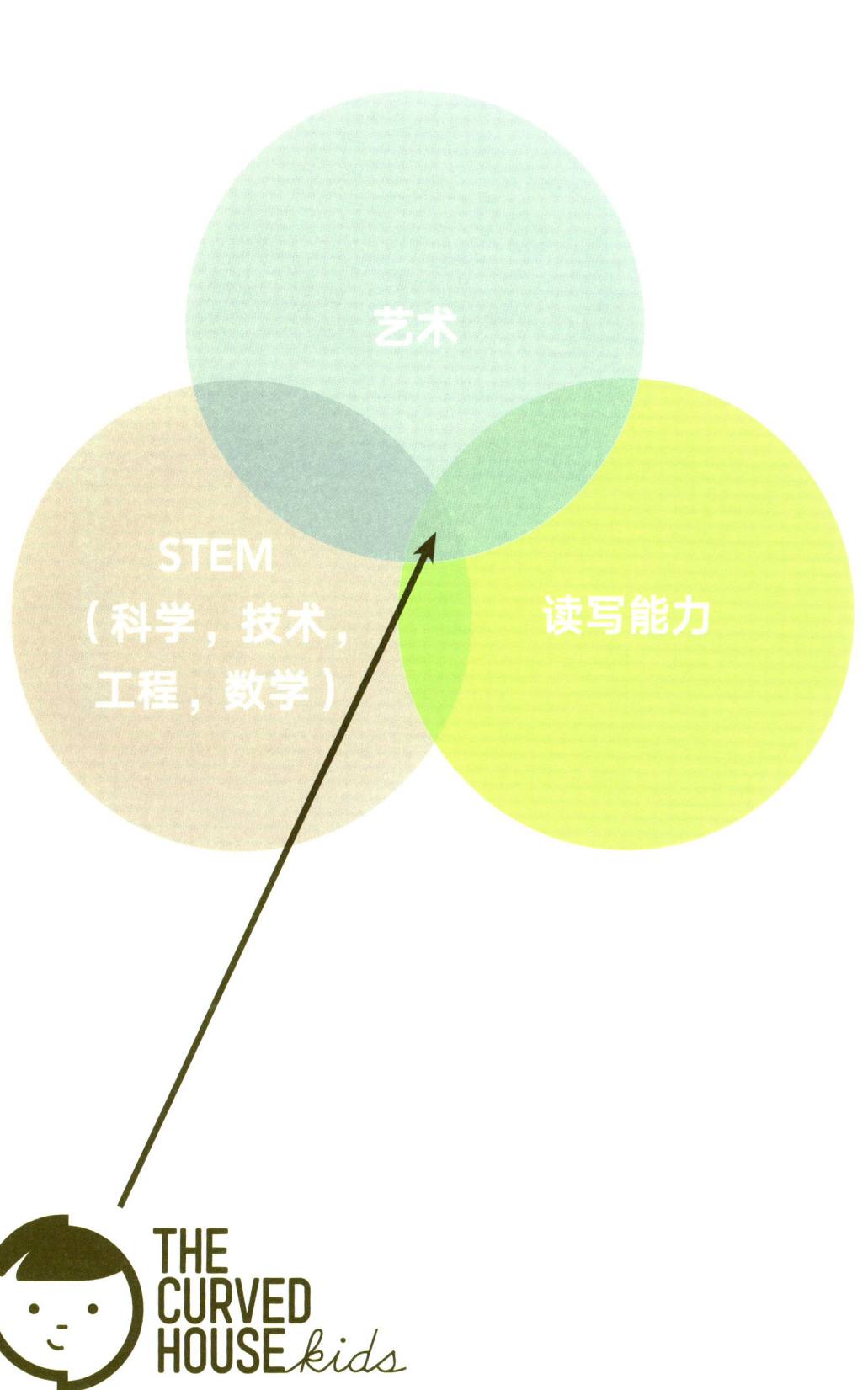

艺术

STEM
（科学，技术，
工程，数学）

读写能力

THE
CURVED
HOUSE kids

专家面对面

科学家不仅仅是在实验室里做实验。火星日记向我们介绍了来自不同的职业和背景的真正的 STEM 专家，向我们展示了通往太空领域的各种不同的职业道路。我们对那些在科学、工程、通信等交叉领域工作的专家的访谈，能很好地激励学生，你可以在 discoverydiaries.org/category/stem-experts 找到采访链接。

苏珊·霍恩——英国航天局太空探索主管（32 页）

苏珊有一份特别棒的工作，她决定英国参与哪些国际空间探索计划，并管理英国对这些项目的投入。

维妮塔·马瓦哈·玛蒂尔——欧洲航天局（ESA）的太空操作工程师（53 页）

维妮塔参与未来载人航天项目，如为国际空间站研发新的欧洲机械臂、设计宇航服等。她还经营着一个名为"火箭女侠（Rocket Women）"的网站，专门为从事 STEM（科学、技术、数学、数学）工作的女性服务。

史蒂芬·路易斯——大气物理学教授（62 页）

斯蒂芬是太空天气方面的专家。通过航天器的观测，他研究除地球以外的其他行星的大气特性，帮助我们了解其他星球。

辛迪·福德——科普专家（66 页）

辛迪专门帮助学生理解他们在地球这个奇妙的、相互关联的星球上扮演的角色，以及他们如何为保护地球贡献力量。

塔姆欣·马瑟——火山学家（69 页）

塔姆欣是一位火山专家。她研究火山活动的方式以及它们对地球和其他行星的影响。

阿比·哈堤——宇宙飞船结构工程师，欧洲航天局 ESA（73 页）

阿比负责火星生命漫游车（ExoMars）使用的所有机械部件的设计、制造和测试，以确保漫游车能够按时就绪。

皮特·马卡维——计算机科学教授（82 页）

皮特制造机器人，并开发了让它们完成各种任务的智能软件。他的机器人可以做任何事情，从帮忙做家务到打鼓！

你认为人类火星定居点会是什么样子呢？让我们阅读并讨论露西·霍金的介绍，开启你的火星之旅吧！

欢迎你们，
火星探险家们！

哇，你真勇敢，你将去火星为人类建造一个新的定居点。你需要设计一艘飞船，选择你的队员，探索火星的表面，做太空实验，和地球保持联络，等等。这是一项艰巨的任务，但是我们相信你能行。作为人类的先锋，你将开启前所未有的宇宙航程，地球上的每一个人都会为你加油助威！

在开始探险之前，我们还需要制订一些计划。你将承担哪些任务？哪些任务会分派给你的机器人朋友？怎样才能安全抵达这颗红色星球？这一路上你将吃什么？你会在火星上建造什么建筑？你会创建什么样的社区？哪些人将在那里生活下去？这都是大问题。我勇敢的朋友，现在出发并开始寻找答案吧！

祝你好运——不要忘记我们！

露西·霍金和航天组成员

这条路通往火星！

你觉得这次任务将会遇到什么样的危险呢？

第一章
火星上的生命

让学生为将要执行的任务做好准备吧。
首先让他们比较地球和火星，学习火星，
研究过去人类和机器人执行的太空任务。
思考太空探索的挑战和益处。

本章内容

1.1 生命迹象：
绘制一张比较地球和火星的简图，探索火星存
在生命体的可能性
>科学+读写

1.2 创造历史：
穿越太空历史，揭秘是谁，曾用什么方式探索
过火星
>科学+历史

1.3 火星小测验：
运用判断题学习有关火星的重要知识点
>科学+历史

1.4 给提姆的一封信：
给提姆·匹克写一封信，说明火星任务的益处
>科学+读写

词汇找找看①：
从第一章中找出8个科学词汇
>科学+读写

生命的迹象

如果外星人从很远的地方观察地球，他怎么才能知道地球有生命呢？画出地球和火星，比较它们之间的区别，并把这些差异标注出来吧。这两个星球上都有哪些生命迹象呢？

火星

直径：

（大约）

地球

直径：12742 千米

嗨，探险家！火星大约是地球的一半大小，你能算出火星的直径吗？把标注 * 号词汇加到你的太空词汇表中吧！

* 将此词添加到你的太空词汇表

活动 1.1：生命迹象

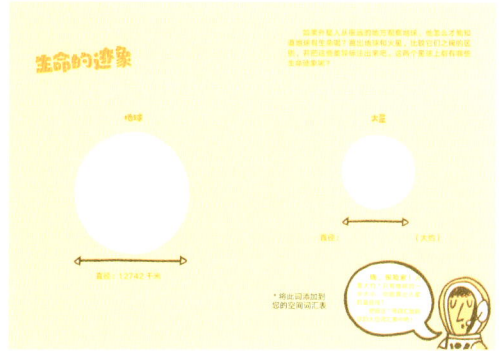

背景知识

科学家们对研究火星特别感兴趣，因为有证据表明火星上曾存在过生命——甚至今天可能仍然存在生命。本节内容要求学生研究地球和火星，将两个星球并排画出来，重点关注"生命的迹象"。

比较地球和火星，画出两个星球的差别，有助于学生理解生命体在地球上的含义，以及生命体在火星上的概念。

生命迹象

存在生命体的迹象包括：

1. 行星的大气中含有氧气、臭氧和甲烷。

在地球上，人类早在 17 世纪就已经了解了地球的大气层。1770 年，一位叫卡尔·舍勒的化学家发现了氧气。2014 年，美国宇航局的"好奇号"漫游车在火星大气中发现了甲烷，另一辆火星生命漫游车（ExoMars）的任务是研究火星大气中的甲烷是源于地质过程，还是由生物体产生的。

2. 有水存在的证据。对生命而言，水不可或缺。

水在地球上随处可见，即使在很远的地方也很能容易看到水的存在。关于这点，你可以让学生看看提姆·匹克从国际空间站拍摄的地球照片。除了水体，绿色的植被也表明地球表面有生命。

如果你从远处看火星，或者登上火星表面观察，所能看到的只有光秃秃的岩石。但这并不意味着火星上不可能有生命存在，这只能说明火星上的生命可能会非常小，或是可能生活在岩石中。这种类型的生命被称为内岩生微生物（Endolith）。如果火星上曾有过生命，那么这个星球的某个地方仍然会有水的痕迹。水极有可能潜藏在火星地表下。

3. 化石证据。

在地球上，我们发现过生活在 42 亿年前的生物化石！火星探测计划将寻找保存在火星地表以下，或者是在地表岩石中的，以生物标志化合物或化石形态存在的古代生命迹象。

这些形态微小的化石叫作微化石。通过分析岩层中的有机化合物，科学家们可以判断它们是天然形成的还是由生命物质形成的。火星生命漫游车（ExoMars）上的两台仪器火星有机分子分析仪（MOMA）和拉曼光谱仪将以两种不同的方式完成这个任务，它还

所需资源

- 尺子
- 研究用的电脑，电子设备或课本
- 钢笔／铅笔
- 火星知识卡（如果需要的话——见有用的链接）

有一台钻头可以在地表以下两米处采集样本。由于液态水是生命存在的先决条件，因此寻找微化石的最佳地点是火星早期长期存在过水的地形。

活动组织

在讨论了地球和火星上的各种生命迹象之后，让学生画出这两个行星存在生命迹象的证据，并且标记出来。分析和记录两颗行星的直径、温度范围和各自到太阳的距离。

给学生提供所需的资源，包括可信任的网址、教科书、报纸、文章和火星知识卡。和学生讨论不同信息来源的可靠性（例如维基百科上的内容，任何人都可以添加和编辑）。

学生学习了火星的重要知识后，可以让他们画出地球和火星并加上标注。他们可以以"真正的科学家"的身份向全班展示他们的发现。

答案

地球：

直径：12 742 千米
温度范围：−88 ~ 58 摄氏度
太阳到地球的距离：1.5 亿千米（大约 149 598 262 千米）

火星：

直径：6 779 千米
温度范围：−153 ~ 20 摄氏度

火星到太阳的距离：2.28 亿千米（大约 227 943 824 千米）

课堂提问

- 火星和地球有什么相似之处？
- 火星和地球有哪些不同之处？
- 有哪些常见的生命迹象？
- 如果你在火星上发现生命，你会怎么做？
- 未来我们可能因为什么原因移居火星呢？（思考一下人口过剩、环境破坏）
- 你会去火星生活吗？

额外的挑战／拓展活动

地球"对战"火星

把你的班级或小组分成两组（地球组／火星组）。先讨论两颗行星上的生命迹象，之后每个小组分头研究所在行星的特征以及存在的生命迹象。最后，小组整合自己的发现，做成 PPT、A2 海报或非时序报告，或较大的带注释的版本；然后给全班作报告。报告可以以辩论的形式进行，也可以以科技交流会的形式进行。

活动的最后，每个小组／学生可以投票决定他们更愿意在哪个星球生活，并说出其理由。

创造你自己的生命体

本次活动是培养微生物，有多种培

有笔记吗？
写在这里！

育方式。

面包：给学生一片面包，令其密封在容器里（三明治袋就可以了），放置一个星期并观察。你可以看着微生物生长！让大家讨论微生物是如何产生的。

水：给学生一个空的瓶子，让他们在瓶子中装满水。静置一两个星期，观察水里开始长出透明／白色的菌落。让学生讨论微生物是如何产生的。

差异化教学思路

协助：

给学生火星知识卡，帮助他们开展研究，和学生讨论资源的适宜性。让学生举出现实世界的例子，比如地球／火星的温度——为了理解零下 153 华氏度，你可以告诉他们，这比英国有史以来（约 67.2 摄氏度）最冷天气的气温还要低 6 倍。

挑战：

让学生使用各种方式来表达天文距离。火星直径是 6779 千米，让他们把这个数字精确到十位、百位、千位，挑战他们的数学能力。也可以用地球和火星到太阳的距离来做这个练习。

教学小贴士

打乱幻灯片的顺序，删除幻灯片上的文字，让学生猜猜图片内容是地球还是火星。

创造历史

在你踏上这趟英雄旅程，去往火星之前，找找看过去、现在、未来的人类和机器人承担的太空任务，你知道这是何人、何时、何地、为什么公开启这些任务吗？

火星生命漫游车
（ExoMars Rover）

火星微量气体轨道探测器（ExoMars Trace Gas Orbiter）

好奇号（Curiosity）

猎头犬号（Beagle-2）

火星快车号（Mars Express Orbiter）

詹姆斯·韦伯太空望远镜和光谱仪
（James Webb Space Telescope and MIRI）

尼尔·阿姆斯特朗（Neil Arstrong）和巴兹·奥尔德林（Buzz Aldrin）

提姆·匹克（Tim Peake）和国际空间站

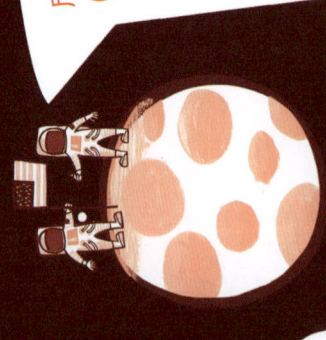

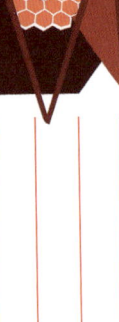

尤里·加加林（Yuri Gagarin）（俄罗斯方东方一号让尤里成为进入太空里的第一人！1961年，

活动 1.2：创造历史

背景知识

本节主要介绍人类和机器人进行太空探索的历史，让学生了解太空航行在过去的 70 年里取得的进展。

苏联宇航员尤里·加加林是第一个进入太空的人。1961 年 4 月 12 日，他执行"东方一号"任务，乘飞船完成了绕地球轨道飞行，加加林在太空总共待了 1 小时 48 分钟。

1969 年，美国宇航员巴兹·奥尔德林和尼尔·阿姆斯特朗加入了"阿波罗 11 号"任务，于 1969 年 7 月 16 号从佛罗里达发射升空，首次登陆月球。他们在月球表面一共停留了 21.5 小时。

国际空间站（The International Space Station, ISS）是一艘绕地球轨道运行的大型宇宙飞船，它于 1998 年首次发射升空。国际空间站的第一个组件是由一艘俄罗斯的火箭发射的，之后又陆续添加了更多的组件，两年之后，空间站终于准备好迎接人类的到来。第一批宇航员于 2000 年 11 月 2 号到达，从那时起，国际空间站一直有宇航员居住。随着时间的推移，国际空间站的各种组件越来越多。美国国家航空航天局（NASA）和世界各地的合作伙伴在 2011 年完成了国际空间站的建造，然而空间站的部件还在持续更新当中。

欧洲航天局（ESA）宇航员提姆·匹克于 2015 年 12 月 15 日执行了"原理号"航天任务，匹克少校在国际空间站待了六个月后，于 2016 年 6 月 18 日安全返回地球。

火星生命漫游车（ExoMars）是欧洲航天局和俄罗斯国家航天集团（Roscosmos）的合作项目。该项目由两个任务组成：2016 年 3 月发射升空的火星微量气体轨道探测器（Trace Gas Orbitor, TGO）和斯基亚帕雷利着陆器（Schiaparelli），以及将于 2020 年发射的火星生命漫游车（Mars Rover）。火星微量气体轨道探测器（TGO）致力于寻找甲烷和其他气体存在的证据。斯基亚帕雷利（Schiaparelli）着陆器是一个进场、下降和着陆演示模块。火星生命漫游车（ExoMars）将携带一个钻机和一整套太空生物学和地球化学研究的仪器。

火星快车探测器（Mars Express）是欧洲探访这个红色星球的首次任务。探测器绕火星轨道运行，用照相机、光谱仪、高度计和分析器来搜集重要信

所需资源

- 互联网
- 历史知识卡片

息，火星快车于 2003 年 6 月 3 日发射，一共携带了七种仪器，携带并部署了小猎犬二号。

2003 年，小猎犬二号由火星快车空间探测器送入太空，它装载有钻头和采样机，用于采集岩石样本。按照原计划，小猎犬二号预计 2003 年 12 月登陆火星表面，然而在登陆过程中我们与它失去了联系，2004 年 2 月宣布小猎犬二号失踪。之后小猎犬二号的去向一直是一个谜。直到 2015 年 1 月，美国宇航局的火星勘测轨道飞行器（Mars Reconnaissance Orbiter, MRO）携带的 HiRISE 相机捕捉到它在火星表面的照片。

韦布空间望远镜（James Webb Space Telescope，缩写 JWST）是一个大型的红外线太空望远镜，由美国航空航天局、欧洲航天局和加拿大航天局联合研发，它主要用于研究宇宙历史的各个阶段，从宇宙大爆炸到恒星和行星的诞生，以及生命的起源。

光谱仪（the Mid-infrared Instrument，或 MIRI）是韦布空间望远镜上的一个仪器，它提供红外图像，用以帮助我们研究恒星和星系的形成。它能穿透厚厚的星尘，帮助我们了解除太阳以外的其他恒星的形成。

活动安排

首先，让学生与同伴（或以小组的方式）聊聊他们都知道太空探索方面的哪些知识，思考一下：何人，何时，何地，如何，以及为什么让人类 / 机器人去太空？分享之后，鼓励学生去了解更多相关知识。

可以采取如下方式：

- 阅读理解（用火星知识表格）
- 画时间线（根据教师笔记的内容逐一介绍史实，创建大事记年表，供学生参考）
- 独立研究（提供相关的网址——打印出来或让学生用电脑 / 平板做独立的研究）

课程的最后，请学生分享他们最有趣的发现，他们一定会让你大吃一惊！

答案

国际空间站

任务：ISS 项目，建立轨道太空实验室，供宇航员们工作和生活使用。

时间：1998 年至今

提姆·匹克
任务：原理号
时间：2015 年

尤里·加加林
任务：东方一号载人飞船，第一个进入太空的人
时间：1961 年

火星快车探测器和小猎犬二号
任务：火星快车

有笔记吗？
写在这里！

时间：2003 年

火星生命漫游车（ExoMars）和 Ex-oMars Orbiter 探测器

任务：火星微量气体轨道探测器和斯基亚帕雷利着陆器，以及火星生命漫游车

时间：TGO——2016 年，火星生命漫游车（ExoMars）——2020 年（译者注：因受新型冠状病毒感染的影响，该任务时间已推迟到 2022 年）

尼尔·阿姆斯特朗和巴兹·奥尔德林

任务：阿波罗 11 号

时间：1969 年

韦布空间望远镜和光谱仪

任务：韦布空间望远镜或韦布任务

时间：已于 2021 年发射

课堂提问

- 我们为什么要去太空旅行？
- 为什么机器人很重要？
- 我们为什么对太空那么着迷？
- 你会去太空旅行吗？为什么去或为什么不去？

额外的挑战 / 拓展活动

调查研究 / 报告发布：

让学生陈述他们的发现，把焦点转到科学交流上来。对于低年级的学生来说，可以让他们把自己发现的内容整理好后读出来；对于高年级的学生，可以让他们就任务做一个简介，在全班同学面前展示，以争取对本方承担"任务"的投票。

差异化教学思路

协助：

根据时间线，从事实清单（Fact Sheet）中剪切不同的段落（参见有用的链接）让学生按时间顺序排列，帮助他们了解史实。这个活动可以两人一组进行。

挑战：

参考上述额外的挑战 / 拓展活动。

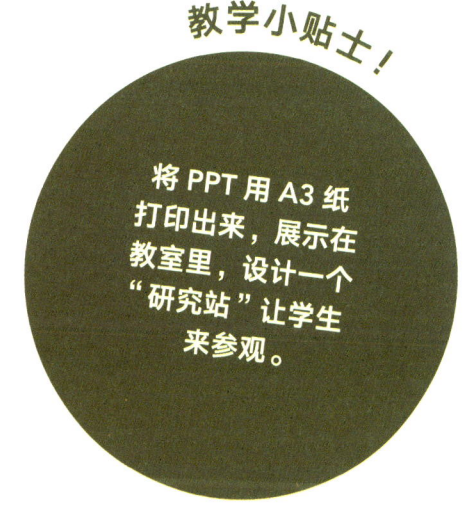

教学小贴士！

将 PPT 用 A3 纸打印出来，展示在教室里，设计一个"研究站"让学生来参观。

火星小测验

嗨，小探险家！我是苏珊·霍恩，英国航天局太空探险的负责人。在我将你们送上这重大征程之前，让我考考你们对于这颗红色星球的了解吧！

是真还是假？请你告诉我……

	对	错
1. 火星的名字取自玛氏糖果棒	☐	☐
2. 火星引力比较低，所以你弹跳的高度是地球上的两倍	☐	☐
3. 火星是离太阳的第八颗行星	☐	☐
4. 因为火星有大气层，所以火星有天气变化	☐	☐
5. 火星上的一年相当于地球上的 1000 天	☐	☐
6. 火星上的奥林匹斯山是太阳系里面最高的山	☐	☐
7. 火星有两颗卫星	☐	☐
8. 人类已经成功飞抵火星，并且建好了一个火星城市	☐	☐
9. 从地球上肉眼可以看到火星	☐	☐
10.		

在第 10 题这里，写上你出的题，考考你的朋友们吧！

活动 1.3：火星小测验

答案

1. 错：火星是以罗马战神的名字命名的。

2. 对：火星表面的重力比地球重力低62%，地球上的 1000 克苹果到了火星只有 380 克重。

3. 错：太阳系里行星的顺序是水星、金星、地球、火星、木星、土星，天王星、海王星。

4. 对：火星和地球一样有季节、极地冰盖、火山、大峡谷和天气。但是它的大气层太稀薄，液态水在火星表面无法长时间存在。

5. 错：火星上的一年是 687 个地球日。

6. 对：奥林匹斯山有 25000 米高。

7. 对：火星的卫星叫作火卫一和火卫二。

8. 错：人类目前还没有登上火星。所有已经到达火星的航天器都是无人驾驶的。

9. 对：第一张火星特写照片是 1965 年拍摄的。1976 年 7 月 20 日，美国宇航局的"海盗号"宇宙飞船是第一个到达火星并登上火星的航天器。从那之后还有很多次的火星行动，但是只有 18 次成功了。

活动组织

火星小测验是一种比较有趣的了解火星的方式。建议以小组活动的形式来进行。学生喊出"对""错"，老师在必要的时候提供正确答案。这个活动既有互动性，又有娱乐性，还能让学生了解更多的知识。

火星知识卡（Fact Card）（参见有用的链接）可以帮助学生寻找答案，他们可以用代币来买一张知识卡片，以帮助自己回答问题。对低年级的学生，也可以把知识卡片发给他们参考。

如果学生提出自己的问题，可以让全班同学回答，也可以作为另外的一个单独测试，或者是活动中的口头提问部分。

课堂提问

• 为什么研究火星对人类非常重要？

• 什么情况下我们会认定火星任务失败了？

• 你认为火星上的天气会是怎么样的？为什么？

所需资源
• 火星知识卡

额外的挑战 / 拓展活动

非时序报告

让学生选择一个主题深入研究。可以作为课堂拓展练习，也可以作为家庭作业。

让学生根据自己所选的事实 / 问题准备一份非时间序列的报告。运用他们学到的研究方法和纪实类写作技巧来准备这份报告。可以选择正式或非正式的文体写作（取决于班级的需要或个人的选择），还可以加入图片和图表来说明问题。这个练习有助于提高学生跨学科的写作能力。

最直观的研究题目是：

为什么是古罗马人命名了火星及其卫星？

调查地球上最高的山有多高，火星上的奥林匹斯山比地球上最高的山要高多少？按规定比例画出两座山的图。

调查所有火星任务，找出哪些任务成功了。

差异化教学思路

协助：

给学生知识卡片，让他们针对问题找答案，帮助学生更好地理解这堂课的内容。

挑战：

学生是否有能力自主研究自己选择的问题呢？给他们一个挑战，让他们证明自己吧！首先让学生选择自己感兴趣的问题，然后证明这个问题是对还是错。这将有助于提高学生的数学推理能力和用证据辨别观点的能力。

教学小贴士！

进行小测验时，为及时反馈，你可以在迷你白板的一边写上"正确"（T），另一边写上"错误"（F），或是让学生站起来表示正确，坐下表示错误。

有笔记吗？写在这里！

给提姆的一封信

哇哦，你收到了一条来自欧洲航天局宇航员提姆·匹克的视频消息！他想知道你为什么这么想去火星。给他写一封信，说说你承担这个任务的理由吧。

活动 1.4：给提姆的一封信

活动背景

这项活动结合了几个因素——首先是提姆·匹克无以伦比、激动人心的形象，他的个人经历激发出小学生对太空旅行的向往。其次，给学生提供了创意写作的机会。最后，它要求学生对星际旅行所涉及的问题做一些基础研究。

是否要把人类送到火星上去是一个有争议的话题。如果将科学家送到火星上去，他们能够仔细研究火星表面，这将会推进众多领域的科学研究。但同时，这项任务也非常危险。除了太空旅行常见的风险外，我们需要在火星上建造定居点才能生存下来，火星上的辐射水平很高，每两年会发生几次巨大的风暴，没有食物也没有水，火星和地球的联络非常困难，通信会有 24 分钟的延时。前往火星的旅程至少需要 6 个月时间，一旦人们在火星上遇到问题，我们不可能立马从地球飞过去帮助他们。将人类送上火星还将花费数十亿美元。那我们为什么还要去呢？去火星的收益能覆盖成本吗？学生能否写信说服提姆·匹克，让他相信人类去火星是值得的呢？

活动组织

组织学生就火星旅行的成本和收益进行头脑风暴。如果需要的话，此时学生可以独立研究星际旅行的相关问题（例如资源、温度、氧气、时间、成本、训练、辐射等）。

在开始写作之前，以小组或班级为单位，搜集与以下内容相关的信息和模板，包括：

- 有说服力的开头
- 书信的特征
- 正式的语言

这些内容有助于学生独立写作。

让学生选择想要陈述的观点，开始写信吧。可以帮他们修改，最后在班级中分享。

课堂提问

- 我们怎样才能说服别人去火星呢？
- 我们可以提供什么样的激励措施？
- 如何保护人们免受辐射的伤害？
- 书信有什么特征？
- 我们使用何种正式语气？
- 怎么样才能说服你去火星？

所需资源

- 白板（小尺寸），草稿纸，横格纸书信纸

额外的挑战 / 拓展活动

拍视频！

用 iMotion 或 iMovie（或类似的应用软件），录制学生给提姆读信的视频，锻炼学生用电脑处理多媒体文件的能力。

说服我吧！

以小组为单位，让学生选择一个有说服力的观点并仔细研究，比如，一个小组讨论如何解决资源缺乏的问题，另一个小组讨论如何解决辐射的问题，每个小组最终形成自己的论点论据，用以说服别人资源匮乏和辐射都不是问题，以及如何克服这些不利因素。介绍自己解决问题的方案。还可以在班上组织辩论、讨论或给班级录制视频，合成一封超棒的给提姆的信。也可以让学生用这些观点分别给提姆写信。

差异化教学思路

协助：

向学生展示书信的格式。

在墙上挂一张大纸或卡纸，纸的中央粘贴一张图片，或是一个关键词。在讨论太空旅行或组织书信语句的时候都可以用到这种"涂鸦墙"的方法。让学生把自己的想法或想到的词语一一列举出来，就像头脑风暴一样，然后将这些词语组织成书信的内容。

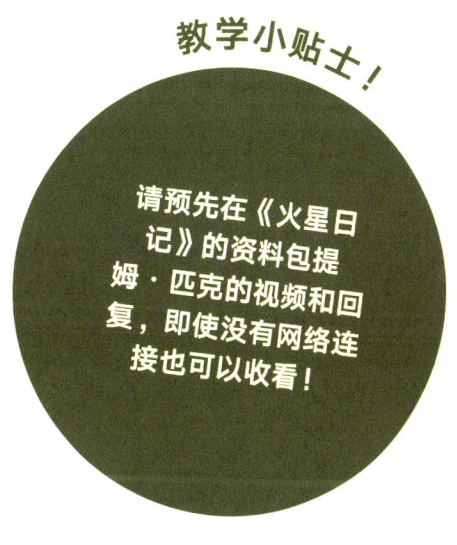

教学小贴士！

请预先在《火星日记》的资料包提姆·匹克的视频和回复，即使没有网络连接也可以收看！

找出那些你在本章中学到的单词。

注意：单词可能是正着写，倒着写，或斜着写的。

X	R	I	I	E	O	V	X	V	G
U	E	Z	Q	R	C	E	C	R	R
W	I	F	K	E	A	Y	A	E	A
K	U	D	W	H	A	B	S	V	V
H	G	A	Z	P	O	B	T	O	I
T	B	Q	N	S	R	N	R	R	T
R	P	K	S	O	B	I	O	Z	Y
A	Q	R	D	M	I	U	N	Z	Y
E	A	P	K	T	T	L	A	Z	O
M	Q	M	R	A	E	E	U	Z	I
N	E	I	L	A	R	T	T	L	C

你能发现以下 8 个字母开头的单词吗？

A E O A G R A M

第一章：词汇找找看①

活动背景

"词汇找找看"游戏是一种有趣的活动，可以扩展学生词汇量。学生可以将自己找到的单词填到本书最后的太空词汇表里（见活动 6.3：太空词汇表）。

活动组织

"词汇找找看"游戏给大家提供了回顾和讨论已学内容的机会，当学生阅读这些章节时，提醒他们在词汇表中写下关键词，帮助他们创建词汇库。

在寻找每个单词之前，请参看单词搜索网格下面标注的起始字母。全班一起或者是和小组伙伴一同讨论这可能是什么单词。问问学生，看看他们是否能找到这些单词。

一旦学生理解了游戏的玩法，他们就可以独立完成之后的游戏。

答案

单词搜索 1：外星人（Alien），宇航员（Astronaut），大气（Astosphere），地球（Earth），重力（Gravity），火星（Mars），轨道飞行器（Orbiter），漫游车。

外星人（Alien）：一种存在于地球之外的生命形式。

宇航员（Astronaut）：受过太空旅行训练的人。

大气层（Astosphere）：某些行星体地表以上的气体层。

地球（Earth）：距离太阳第三近的行星，已知的唯一存在生命的星球，人类的家园。

重力（Gravity）：两个物体之间的引力。物体越重，引力越大。

火星（Mars）：距离太阳第四近的行星，曾经和地球一样，但现在是一个寒冷的沙漠。

轨道飞行器（Orbiter）：停留在环绕行星的轨道上而不着陆的航天器。

漫游车：一个可以四处行走的机器人，被送到其他星球代替人类考察环境。

所需资源

- 尺子
- 用于研究的电脑、电子设备或课本
- 钢笔／铅笔
- 火星知识卡（如果需要，请参阅有用的链接）

额外的挑战 / 拓展活动

让学生设计自己的火星主题"词汇找找看"游戏，你可以在本书 18 页找到该游戏模板。

差异化教学思路

协助：

- 给学生布置单词，让他们以小组或班级为单位搜索定义。
- 以班级或小组为单位创作歌曲。

挑战：

学生完成"词汇找找看"游戏后，让他们总结一个生词表，在此基础上设计一个更大的"词汇找找看"游戏，考考他们的朋友。你可以设计难度不同的题，比如给出整个单词，单词首字母或者是给出提示。

教学小贴士！

将单词检索扩展成为读写能力挑战赛，让学生用这些词汇写一篇小文章。

别忘了我们的
课堂小奖励!

学生每完成一章就给他
们一枚任务徽章。

第一章
宇航员

第三章
探险家

第二章
指挥官

第五章
工程师

第四章
科学家

第六章
火星专家

太空日记

把太空任务日志悬挂在
教室里,作为太空展的
一部分。

第二章
规划任务

学生准备离开地球了。他们将访问太阳系、了解行星轨道，他们将面临挑战，需要批判性地思考如何招募宇航员、决定出发携带的物资等问题。一旦学生设计好宇宙飞船，他们就可以出发了！

本章内容

2.1 飞向远方：
重游太阳系，考虑行星轨道对星际旅行的影响
>科学+数学

2.2 招募宇航员：
面试同学，根据太空任务对宇航员素质和技能的要求来招募宇航员
>科学+读写

2.3 超多的行李：
考虑飞船上有限的空间和火星上匮乏的资源，决定带什么东西去执行任务
>科学+艺术

2.4 设计你的飞船：
参考宇宙飞船重要特征清单，设计一艘飞往火星的飞船并做好标注
>科学+设计与技术

词汇找找看②：
从第二章找出9个科学词汇
>科学+读写

你将踏上一条遥远的旅程。让我们先弄清楚从地球到火星有多远呀。咦，等等，地球到火星的距离怎么一直在变动呀？你知道为什么吗？

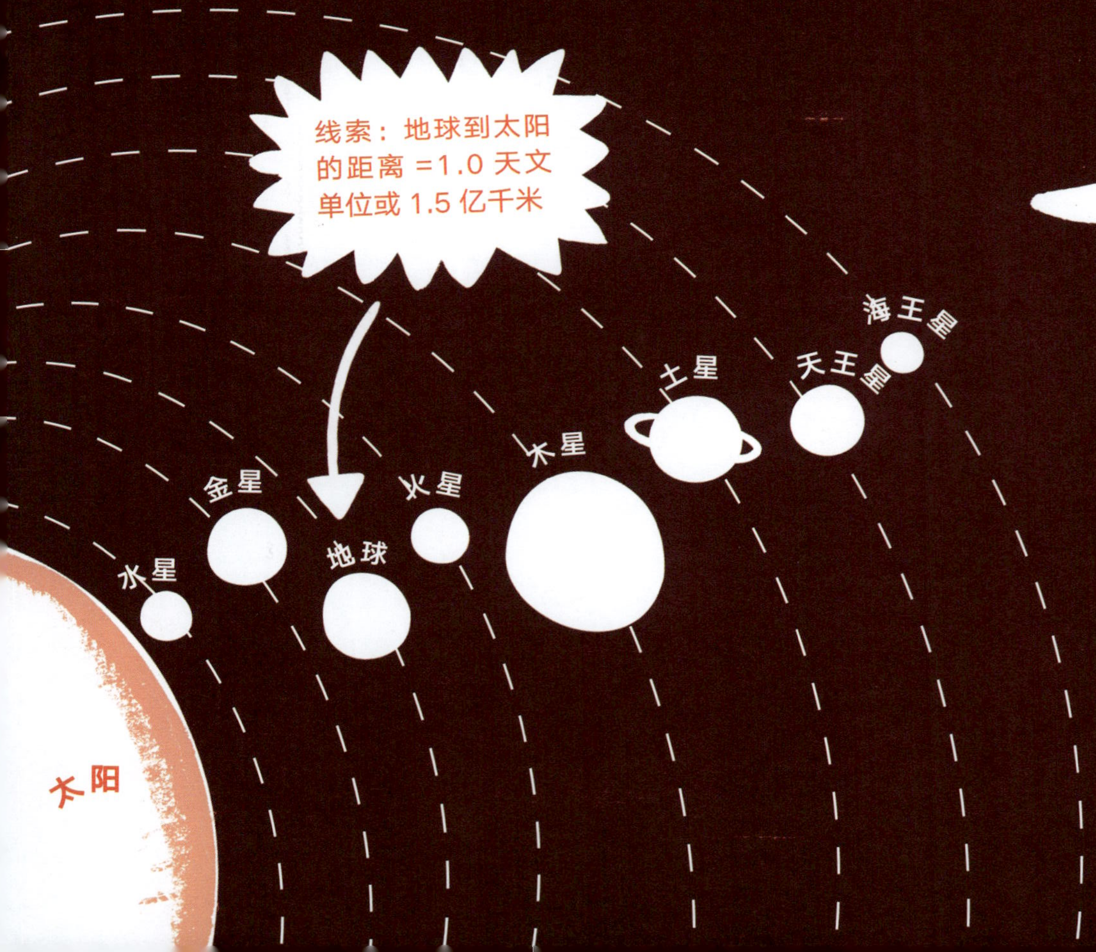

要150~300天才能从地球到达火星！为什么旅行时间差这么多呢？发射时间定在什么时候最好？

天文学家用天文单位（AU）来衡量星到太阳的距离。左边图中给出了线索，画出了当地球和火星位置最接近时的距离。如果地球到太阳的距离是一个天文单位，火星到太阳的距离大约是1.5个天文单位，那么地球到火星时的距离是多少？

------天文单位或------百万千米

线索：地球到太阳的距离＝1.0天文单位或1.5亿千米

海王星

天王星

土星

火星

地球

金星

水星

火星

太阳

活动 2.1：飞向远方

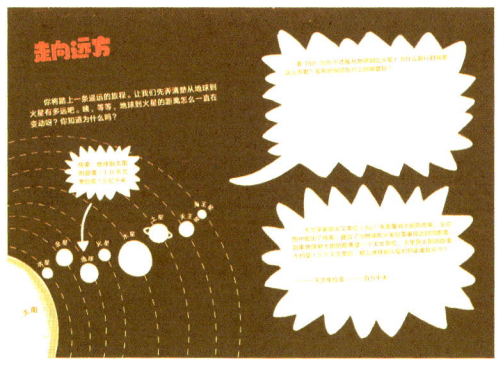

活动背景

本节内容有助于学生理解太阳系的大小，明白星际旅行将跨越的超远距离。学生将从总体上了解太阳系，了解行星轨道如何影响行星的间距，以及天文单位（AU）的概念。

地球到太阳之间的平均距离大约是 1.5 亿千米。这是一个很大的数字，天文学家们把这个距离叫作天文单位（AU, Astronomical Units）。一个天文单位等于日地平均距离。人们用天文单位来比较太阳系中其他天体之间距离，比如太阳、行星、彗星和小行星。

本节内容还要求学生思考行星的轨道，以及行星轨道如何影响行星的间距。当火星和地球处于最接近的位置时，宇航员需要航行 6 个月才能从地球飞到火星，往返则需要 500 天。为了让火星生命漫游车（ExoMars）能安全到达火星并成功着陆，它的发射日期需要根据地球和火星的轨道运行情况来周密计划。

活动组织

让学生说说他们对太阳系的了解。温习一下太阳系包括冥王星在内的顺序，参考柯伊伯带的矮行星和卫星，了解为什么冥王星被重新归类为矮行星。

在太阳系中，什么是运动的，什么是静止的？理解太阳作为参照物相对静止，而行星围绕太阳运动。

讨论如何以天文单位（AU）测量天体到太阳的距离。学生能否解释科学家以太阳作为天文单位起点的理由？观看这段行星围绕太阳运行的视频。

学生观察到了什么？让学生注意行星轨道长度的变化，观测地球和火星之间的距离变化。

让学生解释为什么地球到火星的距离会改变。

给学生分组，分发代表太阳、地球和火星的小球，安排他们观看太阳系的视频，让学生模拟地球和火星运行轨迹。对于学有余力的学生，给他们更多的球模拟地月系统，或是模拟整个太阳系的运行。

所需资源
- 不同大小的球体，代表太阳、地球和火星

答案

地球到火星的距离：0.5 个天文单位，或 7500 万千米

课堂提问

- 轨道是什么意思？

- 怎么定义一年？

- 火星一年有多长？（火星绕太阳公转需要多长时间？）

- 为什么不同的行星一年的时长不同？

- 为什么火星生命漫游车（ExoMars）的发射需要考虑地球和火星的轨道运行路径？

额外的挑战 / 拓展活动

使用一定的比例画出太阳系或制作太阳系的模型。

找出地球与火星的相似之处。例如卫星的数量，卫星的名称，相互之间以天文单位或百万千米计的距离。

差异化教学思路

协助：

- 分组解决问题。

- 提供一张词汇表，协助学生写出天体

之间的距离会不断变化的原因（例如：引力，轨道，速度，行星，太阳等）。

挑战：

- 调查其他行星和火星之间的天文距离。找出每个行星到太阳的距离，然后以太阳到火星的距离为天文单位表达出来。

- 写出"为什么行星之间的距离不断变化"这个问题的书面答案。

教学小贴士！

在操场上用粉笔画一个大大的太阳系模型，让不同的学生扮演各个星球，一起运行起来吧！

招募宇航员

现在该决定谁将成为你的火星任务小组的成员了！
你可以选两位宇航员——好好选！开始招聘程序吧！

第一步：
你的队员需要具备什么样的素质和才能呢？写在这里吧！

第二步：
设计你的招聘程序。问什么问题才能确认这是你需要的人呢？

问题 1：

问题 2：

问题 3：

第三步：
面试你的朋友，选两位作为你的队员，把他们画下来并写上名字吧。

活动 2.2：招募宇航员

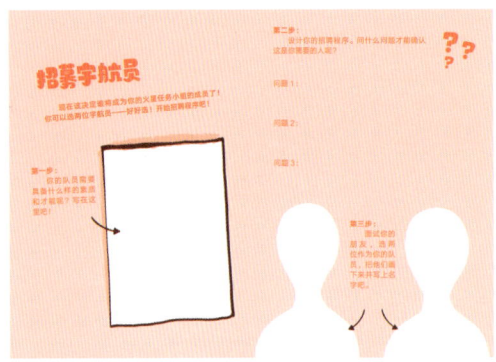

活动背景

在这个职业生涯活动中，需要学生思考去火星的人需要具备的技能、知识和经验。将此活动作为户外训练课程（PSHE）的资料，鼓励学生思考与他人的关系，如何管控风险、做出正确的决策，以及在一个协作小组中具备某些人格特性的益处。

第一批前往火星的人类不仅需要照顾自己和其他宇航员，还要拥有相应的技能，这样才能建设好生活和工作所需的环境，并进行科学实验。他们必须足智多谋，善于解决问题，因为不管从地球寻求什么帮助，物资发送到火星都需要 6 个月才能到达。他们还必须照顾好自己的心理和情感需求，因为大家要每天生活和工作在一起。

活动组织

讨论学生之间不同的个性和长处，以小组为单位就讨论结果列出清单或画出思维导图。然后找找看哪些学生和大家相处得最好，分析这些学生有哪些个性和长处。

介绍你要执行的任务，说说你想选择具备什么人格特质的队员和你一块去太空。学生要考虑如何与人相处、做决策、具备什么样的技能、解决问题的能力等。将这些技能和特征写成一份清单。让每个学生准备一份关于他们自己个性特征的信息表。

作为一个班级 / 小组，考虑要问面试者什么问题——具备哪些技能？什么性格？学生可以轮流面试对方，最后选出两名同伴，为他们画像。

课堂提问

- 你有什么个性特征？
- 你喜欢别人的哪些品质？
- 如果你不同意某人的意见怎么办？
- 你需要什么样的技能 / 素质才能进入太空？
- 我们怎么了解他人？我们可以问些什么问题呢？

额外的挑战 / 拓展活动

学生向班级或小组介绍入选队员，以及入选原因。

学生将入选队员的技能 / 素质与太空专家进行比较。

差异化教学思路

协助:

- 分组讨论而不是全班一起讨论。
- 用事先准备好的问题来面试。

挑战:

- 学生可以参考太空专家提供的信息,给自己准备一份简历。
- 角色扮演,组织面试。

教学小贴士!

请让学生观看我们网站上的"STEM 专家访谈"以获取灵感。网站地址:discoverydiaries.org/category/ stem-experts

把你的行季
画在这里吧

超多的行李

你已经招募到宇航员，现在该收拾行李了。在那
颗红色星球上生活和工作所需的一切物资都必须塞进
你的太空行李箱里，你会带什么呢？

一览表

☐ 衣物和洗漱包　　　　　☐ 娱乐用品

☐ 工具包　　　　　　　　☐ 通信设备

☐ 应急装置　　　　　　　☐ 一个纪念品

☐ 食物和饮料

活动 2.3：超多的行李

活动背景

当宇航员提姆·匹克出发去国际空间站时，他在太空进行科学实验和生活所需的用品早已在国际空间站等着他了，他只需带几项个人物品就好。但是飞往火星的第一批人类一定要带够食物和水、科学实验的设备、维护宇宙飞船和其他设施的工具、通信系统、安全设备、医疗用品以及维持心理健康所需的娱乐设施。

这项活动要求学生思考，为了维持宇航员的生存需要哪些重要物资？他们的研究需要哪些设备？学生画好自己选定的内容后，让他们想想什么才是维持人类生存和安全最基本的东西。去火星只能带有限的几种东西，让他们说明自己选择每项东西的理由。

活动组织

把学生分成小组，结成对子，或以班级为单位，聊聊各自都带什么东西去度假。为什么选择这些东西（防晒霜，游泳衣，短裤和 T 恤等）？在活动清单的标题下列出我们可以带入太空的东西。如果是分组讨论的形式，让每个小组把自己的内容加入清单里。

现在设想你是火星上的第一个人类，什么对你最重要（食物和水，工具等）？让学生回顾一下他们最初列的清单，有人需要增减自己的选项吗？和提姆·匹克带到太空的东西比一比，看看大家的选择会不会有什么变化。

课堂提问

- 出去度假你们都带什么东西呢？
- 不同类型的假期你们带的东西有什么不同？
- 你们为什么带这些东西呢？
- 我们在太空需要什么东西？
- 你为什么选择这些东西？

额外的挑战／拓展活动

可以让学生把选择这些物品的理由写下来。

差异化教学思路

协助：

- 老师可以拍摄一些准备带去太空的物品的照片（有的适合带去太空，有的不适合带去太空），例如电脑游戏，或是和所爱的人一起拍的合影，这些照片可以帮助学生理解，让他们明白怎么做选择，什么东西不合适，为什么不合适。

51

挑战：

- 让学生想想，他们准备带去的东西都有哪些功能，有什么用途？可以让学生写一份报告，说明自己挑选了哪些物品以及挑选的原因。还可以让学生写一份报告，在报告中说清楚这些东西是什么，它们是如何工作的。

教学小贴士！

角色扮演，让学生把自己选的东西放在一个纸箱里，然后向大家解释选择这些东西的理由。

设计你的宇宙飞船

嗨，太空探险家！我是维妮塔·马瓦哈·玛蒂尔，是一名太空工程师。画出你的火星飞船，并标记出来。参考旁边的清单以免遗漏要点。

清单：

- [ ] 通信
- [ ] 安全
- [ ] 助推
- [ ] 燃料
- [ ] 宇航员活动空间

活动 2.4：设计你的飞船

为了到达火星，人类需要一个拥有前所未有的推进力的太空发射系统。美国宇航局目前正在研发他们的太空发射系统（或 SLS），它将承担探索外太空任务的发射，包括去火星的任务。SpaceX 正在研发能够将人类送上火星的火箭，它开发的"猎鹰"重型火箭是迄今为止推进力最强大的火箭。有关这种火箭发射的动画展示。

背景知识

在这项创造性的活动中，学生要研究不同类型的宇宙飞船，比较不同飞船的形状和设计，分析它们是否符合这次任务的需要。

宇宙飞船由两个主要部分组成：火箭和飞船。火箭包含推动飞船进入太空的燃料和发动机；飞船是宇航员坐的地方，也是装载物资和设备的地方。成功发射后，火箭和飞船分离。火箭返回地球，飞船继续前往目的地。

2015 年 12 月，欧洲航天局宇航员提姆·匹克乘坐联盟号运载火箭前往国际空间站。联盟号飞船有一个返回舱，是它把提姆送回了地球。联盟号火箭和飞船的图请参考有用的链接。

虽然火星生命漫游车（ExoMars）任务不会搭载人类上天，但它的火箭看起来与提姆·匹克搭载的火箭很相似。可以从有用的链接里观看火箭发射场景。

活动组织

可以让学生可以分组或单独承担这项活动。给学生提供有关太空和运载火箭的参考书籍，允许学生上网搜索。能力较低的学生查阅各种资料时可能需要引导和帮助。为小学低年级的学生推荐相关网址，小学高年级的学生可以让他们在网上独立检索资料。

让学生决定如何展示他们自己设计的火箭，可以画在纸上，用可回收材料制作模型，或在电脑上制作都行。

全体会议：让学生向全班或其他小组展示自己的设计成果，讨论设计的优缺点。

课堂提问

• 火星生命漫游车（ExoMars）运载火箭和把提姆·匹克送入太空的运载火箭有什么不同？

所需资源

• 绘画用品

• 可回收的模型材料，如纸箱，装鸡蛋的包装盒，双面胶，胶水，剪刀等

• 电脑或平板电脑，参考书籍

• 建筑玩具包括乐高，机械和多面体玩具等

- 为了把人类送上火星，运载火箭需要做出什么改变吗，需要增强哪些功能，体现哪些差异？

- 为了在前往火星的飞船上生存下来，你需要哪些设施设备呢？

额外的挑战 / 拓展活动

让学生总结自己的设计有哪些优点，哪些方面可以做出改进，这些改进容易实现吗？

差异化教学思路

协助：

- 支持学生的研究，提供一个简短而全面的网址清单供他们检索，或提供参考书籍供他们阅读。

- 在开始设计过程之前，讨论设计特性的利弊，并和学生一起写一份"成功标准"。

- 给低年级的学生更少的"选项"，更多手把手的帮助。

挑战：

让动手能力强的学生按照自己研究的思路去决定自己设计的"成功标准"

教学小贴士！

"UK Stem"有一些很棒的以火箭设计为主题的推广活动。请问 stem.org.uk，按"年级"搜索。

第二章
词汇找找看

找出那些你在本章中学到的单词。
注意：单词可能是正着写，倒着写，或斜着写的。

P	Y	Y	K	L	P	T	J	Y	T
V	R	C	O	M	V	H	G	R	I
O	E	O	N	C	R	E	W	U	U
Z	D	H	P	E	O	C	Y	C	R
S	V	W	I	U	G	C	G	R	C
E	A	E	J	C	L	R	C	E	E
Z	D	F	T	M	L	S	E	M	R
L	E	Q	E	U	T	E	I	M	S
F	U	E	L	T	T	K	C	O	E
S	U	N	E	V	Y	I	F	R	N
T	I	B	E	I	U	V	A	Q	L

你能发现以下 9 个字母开头的单词吗？

C E F M P R S V V

第二章：词汇找找看②

活动背景

词汇找找看游戏是一款有趣的活动，可以扩展学生的词汇量。学生可以将自己找到的单词填到本书最后的太空词汇表里（见活动 6.3：太空词汇表）。

活动组织

词汇找找看游戏给大家提供了回顾和讨论已学内容的机会，当学生阅读这些章节时，提醒他们在词汇表中写下关键词，帮助创建词汇库。

在寻找每个单词之前，请参看单词搜索网格下面标注的起始字母。全班一起或者是和小组伙伴一起讨论这可能是什么单词。问问学生，看看他们是否能找到这些单词。

一旦学生理解了游戏的玩法，他们就可以独立完成之后的游戏。

答案

单词游戏 2：机组成员（Crew），紧急情况（Emergency），燃料（Fuel），水星（Mercury），推进（Propulsion），招募（Recruit），安全（Safety），运载工具（Vehicle），金星（Venus）。

机组人员（Crew）：一组经过训练，在一起工作的人。例如在宇宙飞船上一起工作的人。

紧急情况（Emergency）：出现问题需要立即处理的情况。

燃料（Fuel）：储存起来用来驱动某物的能源。

水星（Mercury）：离太阳最近的行星，体积小，富含金属，一面极热，另一面极冷。

推进（Propulsion）：推动某物向前的动作。

招募（Recruit）：雇用某人做某项工作。

安全（Safety）：保护某人或某物免受危险或伤害。

运载工具（Vehicle）：把人或物体从一个地方移动到另一个地方的工具。

所需资源

- 尺子
- 用于研究的电脑、电子设备或课本
- 钢笔 / 铅笔
- 火星知识卡（如果需要的话，参看有用的链接）

金星（Venus）：从太阳数起的第二颗行星，与地球大小相当，但由于失控的温室效应而变得非常热。

额外的挑战／拓展活动

让学生自主寻找火星主题单词。本书第 18 页有空白词汇找找看游戏模板。

差异化教学思路

支持：

- 给学生分配单词，以班级或小组为单位找出单词的定义
- 以班级或小组为单位创作一首歌曲

挑战：

- 学生完成词汇找找看游戏后，让他们总结一个生词表，在此基础上设计一个更大的词汇找找看游戏，考考他们的朋友。你可以设计难度不同的题，比如给出整个单词，单词首字母或者是给出提示。

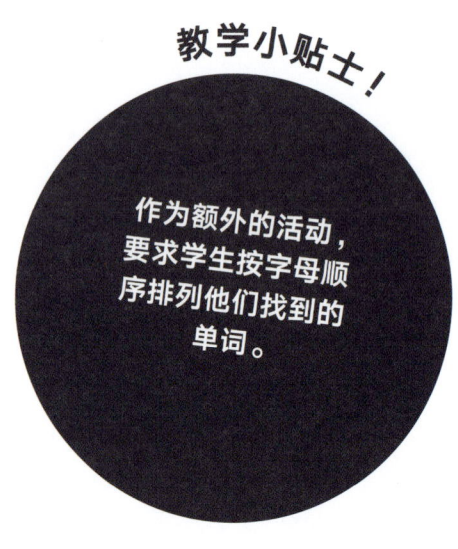

教学小贴士！

作为额外的活动，要求学生按字母顺序排列他们找到的单词。

该指南由获奖小学教师克莱尔·洛伊佐斯（Claire Loizos）撰写，本书为鼓励女孩参与STEM项目提供了创造性的想法和实践的资源，会给你带来许多灵感，使科学对所有的学生来说变得有趣又有收获，不受性别的限制。

"所有的这些想法都是基于第一手的经验，课堂观察和研究，这本小册子也特别根据学生的意见进行了评估和调整。"
—— 克莱尔·洛伊佐斯，小学教师

第三章
你的新家园

学生已经到达火星，是时候开始探险了。在这一章中，学生将练习可视化数据的表达，为特定目的设计机器设备，并写出清晰动人的文章。

本章内容

火星天气

火星上的天气状况和地球上的非常不同，你可要做好心理准备！设计一份气象报告，展示火星上一天的天气做好要设计成彩色的可视化图片，以便你的队友们将面临的天气状况。

嗨，探险者！我是史蒂芬·路易斯，我研究火星上的天气。我从"好奇号"漫游车上收集了24小时的气象数据，用这些数据设计一份信息图吧。你把一些火星和地球气象数据的比较结果包括在图中了吗？

活动 3.1：火星天气

注：因为接近地面时就已经蒸发了）。

火星每年都有沙尘暴，有时大到在地球上用望远镜都能看见。这些风暴给火星上的机器人制造了麻烦，经常会给机器人的太阳能电池板蒙上灰尘，危及它们的能源供应。灰尘也会进入机器，造成故障。有时高速的风还会产生"尘卷风"。

活动背景

在这一节中，学生要思考什么是天气，天气是如何产生的。只有存在大气层的行星才有天气。学生要想想，我们是怎么预测地球上的天气的？获得哪些信息才能让人类有可能提前计划自己的活动？为什么我们需要预知天气情况？在不同的星球上会有什么变化？

尽管火星被称为红色星球，但它比地球冷得多。这是因为火星离太阳更远，它的大气层比地球的更薄，不能像地球大气层那样吸收太阳的热量。

由于低温和气压的原因，火星上不会下雨，但这并不意味着火星完全没有降水。水只能以蒸汽或冰的形式存在于火星上。火星大气中有稀薄的云，降水以雪的形式飘落到地面，落到火星表面的以二氧化碳雪为主。我们曾经在火星的高空观察到携带水的小片冰冻云的痕迹，这会在火星的高海拔位置形成雪，但是这些雪并不能落到火星表面（译者

活动组织

从相应网站（天气部分）观看当地天气报告。讨论为什么预先知道天气非常重要。让学生结对或分组讨论报告的要点。天气预报如何呈现？以班级为单位把报告中提到的不同气象情况列成一个清单（例如：温度，阳光，风，雨，雾，雪，风暴）。探索这些天气现象是如何形成的。

谁能预测火星天气会是什么情况吗？鼓励学生考虑下列因素的影响：

- 火星离太阳的位置。
- 比地球稀薄的大气层。

查看火星天气数据并与学生分享。观察数据，解释低温如何影响火星上的天气。这里没有雨，但是有由微小的水冰晶体组成的云，它们会形成雪，但是这种雪无法降落到火星表面。在地球上通过望远镜能够观测到火星上刮风产生的沙尘暴。

所需资源

- 正方形纸张

让学生根据这些信息决定，是制作柱状图（histogram）还是折线图。他们可以加入更多的细节，制作一个彩色的、可视化的火星上一天的天气报告。

课堂提问

- 天气从何而来？
- 为什么收集天气数据很重要？
- 如何从火星收集天气数据？
- 展示天气数据最有效的方法是什么？
- 你能解释一下地球和火星上天气的区别吗？
- 这些天气状况对火星生命漫游车（ExoMars）会产生什么影响？

差异化教学思路

协助：

- 准备带有坐标轴的图纸以便学生画条形图。
- 准备一个单词库，让学生围绕火星写一篇天气报告。

- 根据一定范围将数据整合在一起，创建数据桶，例如：0~10 摄氏度、-10~-1 摄氏度、-20~-11 摄氏度。
- 为了尽可能简化，将数据分组到不超过七个"桶"中。
- 告诉学生，在天气图或气象报告中，气温通常用不同的颜色来表示，如果用颜色比例尺，不同的颜色可以代表不同的数字。让他们设计自己的颜色表，给每个"桶"分配一种颜色。

挑战：

- 选择最佳方法来显示收集的数据，可以用条形图或折线图。
- 让学生对火星天气进行进一步的研究，并将其写入他们的报告中。
- 写一篇火星的天气报告。
- 讨论信息图的不同部分如何用不同的颜色、大小、形状和纹理来表示。

白天

时间	温度（℃）
6:00	−80
7:00	−72
8:00	−56
9:00	−36
10:00	−21
11:00	−10
12:00	−2
13:00	3
14:00	5
15:00	3
16:00	−4
17:00	−16

夜晚

时间	温度（℃）
18:00	−30
19:00	−41
20:00	−48
21:00	−56
22:00	−58
23:00	−63
24:00	−64
1:00	−69
2:00	−69
3:00	−70
4:00	−74
5:00	−75

火星天气

来源："好奇号"漫游车的数据来源于美国宇航局行星数据系统，这些数据已经由开放大学教授史蒂芬·路易斯处理过。

火星怪事新闻

地球上的科学家一直在观察你的新家园，并且有了一个惊天动地的发现！卫星图像显示火星上有一条黑黑的河流，你能去调查一下并给我们一份新闻报道吗？

嗨，火星探索者！我是辛迪·福德，科学知识的传播者。一个朗朗上口的好题目和一张好图片就能吸引我们的注意哦。你的故事要基于最新的科学发现和事实依据哟。

活动 3.2：爆炸性新闻

活动背景

科学证据表明，40 亿年前的火星是一个类地球的宜居行星，有着与地球相似的大气层。科学家们现在正在寻找证据以证明火星上曾经存在或仍然存在生命，这是火星生命漫游车（ExoMars）的主要目标之一。科学家将从火星生命漫游车（ExoMars）收集的岩石样本中寻找生命存在以及水存在的证据。

美国宇航局的 MAVEN 航天器（译者注：火星大气与挥发物演化任务）正在绕火星运行，收集有关火星大气的信息。它将有助于科学家了解火星的大气层为什么发生了改变，火星为什么从一个宜居星球变成了一片冰冻的沙漠。

活动组织

这节课将以戏剧性的方式开始——老师宣布在火星上发现了水！你能开始调查并有更多发现吗？

学生应该具备一些关于水的背景知识，了解水为什么对生命极其重要？地球上什么水是可用的。与学生一起复习这些内容，讨论为什么在火星上找到水是非常重大的发现。

开始实验，让所有的学生都体验如下活动：

- 将来自"火星"的水盛在皮氏培养皿中，置于显微镜下观察。
- 在显微镜下观察干燥的岩石和潮湿的岩石。
- 比较新鲜的水果和风干的水果——有点像今天水分全部消失后的火星。

学生分组讨论他们的发现。讨论大气发生改变后对火星带来的影响。学生试着推测一下，火星生命可能以什么方式存在：细菌、植物、动物等。

学生可以阅读的报纸和他们的基本资料。用《水的发现》作为报纸头条，让学生给报纸写一份报道，还可以说说他们在显微镜下的发现。可以将这些内容整理后粘贴在墙上。

课堂提问

- 为什么水对生命至关重要？
- 我们一般用水做什么？
- 不同的生物是如何依赖水而生存的？
- 火星发生了什么改变使得它成为一片

所需资源

- 显微镜，培养皿或载玻片，石头，水的样本，风干的水果和新鲜水果，新闻报道的写作模板，钢笔，纸

冰冻沙漠？

- 你在实验中观察到了什么？

额外的挑战 / 拓展活动

　　将水加热或者冷冻，观察它形态的变化。这个实验怎样帮助我们揭示火星上发生的变化？

差异化教学思路

协助：

- 指导学生如何观察事物，例如有机体，或者流水在岩石上留下的痕迹，让水果脱水变成干果的变化等。这与行星失去水的过程有什么相似之处？

挑战：

- 让学生可以通过显微镜研究看到的东西。

- 让学生可以收集不同来源的水，放置在显微镜下一一观察。

- 让学生通过了解地球上沙漠形成的原因，推测其他星球上沙漠的形成机理。

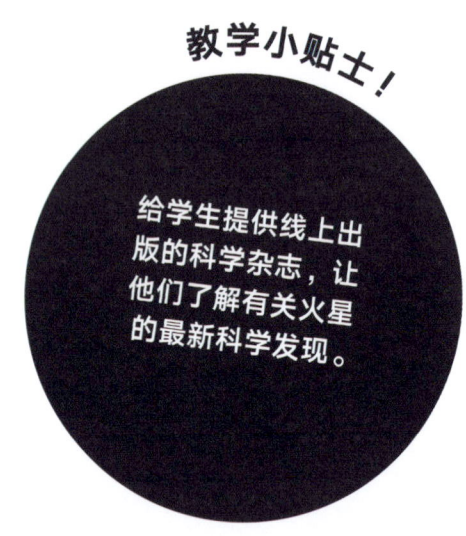

教学小贴士！

给学生提供线上出版的科学杂志，让他们了解有关火星的最新科学发现。

巨大的山脉

火星表面山脉密布，其中一些看上去像是火山。火星轨道探测器拍摄到了名为奥林匹斯山的巨大火山图像。既然你已经到达火星表面，我们需要你去调查一下。

请在此处画出你看到的火山地貌

嗨，火星人！我是塔姆欣·马瑟，是地球火山学家。你能帮我在火星表面的火山画出来这个巨大的火山在火星表面的样子吗？它有多高？和地球上的火山相比有什么不同？请画一张图并标注好，让我们看看你从地面看到的情况。

活动 3.3：巨大的山脉

活动背景

本节内容向学生介绍岩石构造方面的研究，以及行星的地质特征如何影响行星的外形。通过画一张火山的图，学生将了解地貌对生命的潜在影响。学生还将学习如何读懂俯瞰的图，并将其重新画成一张以地面为视角的图。

火星表面到处是岩石。奥林匹斯山是火星上最巍峨的山，也是太阳系中已知最高的火山。它大约有 25000 米高，是珠穆朗玛峰高度的两倍多（珠峰的高度大约是 8848 米），也是地球上最高的火山——夏威夷冒纳罗亚火山的两倍多，尽管冒纳罗亚火山高出海平面以上部分只有 4200 米，但它高出海床近 10000 米。奥林匹斯山绵延约 600 千米，几乎和法国的大小一样！

在地球上，大多数火山是由板块构造运动形成的，地球内部的岩浆上升到地表，以熔岩和火山灰的形式喷发出来。一些火山，比如夏威夷的火山，形成于地壳下地幔的"热点（hot spot）"。当板块从火山热点上移过时，就形成了火山链。

火星上没有板块构造运动，这意味着奥林匹斯山的形成与夏威夷火山相似，直接形成于火山热点上。在地球上，地壳板块的运动阻止了岩浆稳定积聚，当板块漂移过热点时就会导致火山喷发，形成众多的小岛。在火星上，热点和地壳不会移动，也就不会形成火山链——岩浆流到地表，不断堆积，最终形成一个超级巨大的火山。奥林匹斯山是一座盾状火山，熔岩慢慢从山的侧面流下来形成了现在的低而宽的外形，山体侧面的平均坡度只有 5%。

奥林匹斯山的形成花了大约 30 亿年，但与太阳系的年龄（45 亿年）相比，它仍然是一座相对年轻的火山。

这意味着它可能依然是一座会喷发的活火山，尽管到现在为止我们还没有在火星上看到任何火山活动的证据。

活动组织

告诉学生，他们要画一张图，表现以火星地表为视角的奥林匹斯山。向学生展示我们提供的卫星照片，让学生找找有趣的特征，比如这座火山和地球上的火山有什么不同。学生可能会注意到，这座火山看上去又宽又扁，与我们

所需资源

• 绘画用品

• 模型材料（可选）

见过的那些尖尖、高高的火山相比非常不同。讨论山的外形与地质板块、火山热点的关系（如上所述）。

从上面观察火山的大小，并与法国、意大利、亚利桑那州的大小进行比较（面积都相仿）。如果运用数字化教学，可以使用谷歌地球或有用的链接提供的图像。还可以在教室用教具来演示不同的大小，例如用两个球，一个是另一个的两倍大，用来代表较大的地球和较小的火星。

绘制正视图前，请学生研究奥林匹斯山并收集相关数据。他们需要知道山有多高，与地球上的一座山（如珠穆朗玛峰）作比较。看看还能找到哪些奥林匹斯山的物理特征？

让学生在书上创作一张奥林匹斯山的图，可以手绘也可以拼贴。运用不同的纸张裁剪和叠加，可以很好地显示奥林匹斯山和珠穆朗玛峰的区别。

课堂提问

- 火山是如何形成的？
- 热点（hot spot）是如何形成的？
- 活火山、休眠火山和死火山有什么区别？
- 地球上的活火山分布在什么地方？

差异化教学思路

支持：

在页面上覆盖一张网格，创建一个用于缩放的四图网格。

按照 5 倍的比例放大尺寸，制作一个绘制的模型，高度和宽度分别放大 5 倍。

挑战：

绘制图例，用不同的符号代表地图上不同的特征。

制作一个绘图模型，根据建议的比例（例如 5 : 1）放大成一个更大的图。

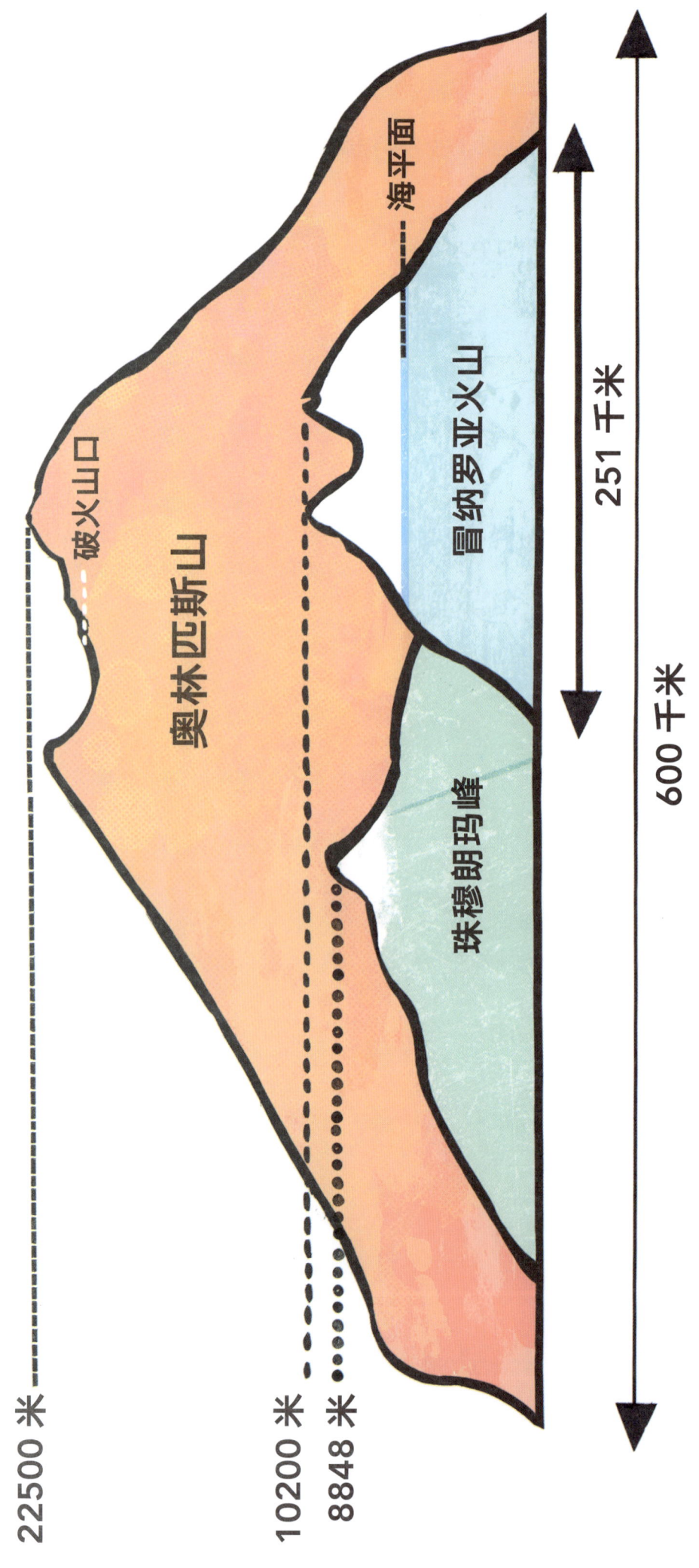

巨大的山脉：大小对比

22500 米

10200 米

8848 米

破火山口

奥林匹斯山

冒纳罗亚火山

珠穆朗玛峰

海平面

251 千米

600 千米

设计你的火星生命漫游车

火星生命漫游车（ExoMars）具备了某些极具开创性的优点，能帮助人类探索发现火星。你能否找出这些特性并在下图标注出来？把这些特性作为你设计火星车的灵感吧！

嗨，探险家！我是阿比·哈提，一名研发火星生命漫游车（ExoMars）的工程师。你设计的漫游车会采用哪些 ExoMars 的特征呢？在这里画出你的设计思路吧。

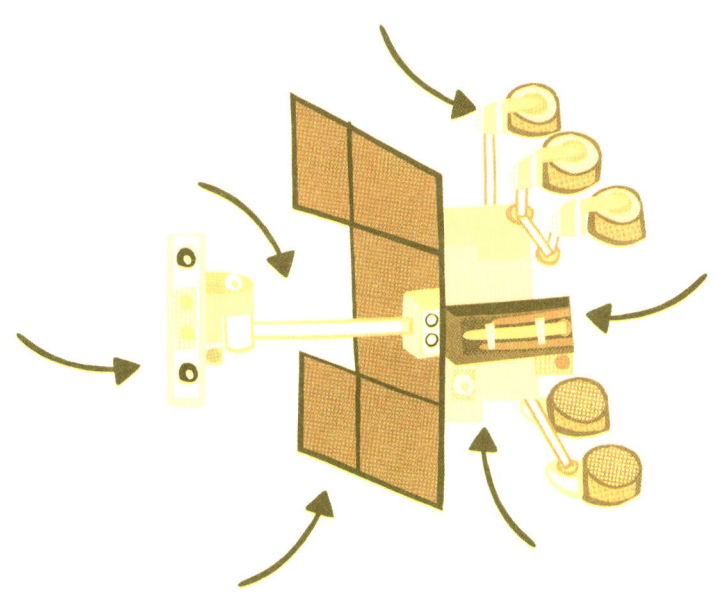

活动 3.4：设计你的火星生命漫游车

活动背景

本节内容挑战学生的创造力和技术设计能力。请学生思考一下，火星生命漫游车要具备哪些功能，才能胜任和人类在火星表面协同工作的要求？学生应充分考虑人类和机器人在探险时的差异，以及各自的长处和短处。

由欧洲航天局开发的火星生命漫游车（ExoMars）将于 2020 年前往火星寻找生命迹象。它将用钻头采集样本并进行分析。

火星生命漫游车（ExoMars）上携带钻头的钻探深度可达 2 米。每采集一份样品，火星车将用自带的仪器分析样本中的矿物质和化学物质，然后将把数据和信息发送给地球上的科学家们。

漫游车使用太阳能电池板发电，并能承受火星上的寒冷环境。它有六个可以独立旋转的轮子，以帮助它在岩石地形上移动。它还有一个拍摄系统，地球上的科学家可以通过这个系统帮助它确定最佳的钻探地点。

活动组织

观看欧洲航天局的片段，分成小组，了解火星车的设计以及它是如何在火星表面运行的，做好笔记。与全班一起分享各组的发现。

让学生给火星生命漫游车（ExoMars）的各个部分贴上标签，并考虑各个部分的功能和作用。用后附的信息（参见活动的解决方案）对以上的内容进行对照检查。让学生设计自己的火星生命漫游车。学生首先应该考虑火星车将承担的角色：

- 从火星表面收集岩石。

- 向下钻取更深处的样本。

- 监测天气状况（在有大气层的行星上）。

- 测量地表以下 / 以上的温度和大气成分。

- 观察。

- 寻找外星生命。

一旦学生决定了漫游车的工作目的，可以让他们考虑漫游车应该具备哪些设计特征（例如动力、移动、信息收集等）。

所需资源

- 绘画用品

- 造型材料（可选）

答案

火星生命漫游车（ExoMars）的组成部件：

- 火星生命漫游车（ExoMars）提供能源的太阳能电池板。
- 机身——这个完全密封的盒子可以为仪器和电脑保温，防止低温和沙尘带来的损害。
- 枢轴——确保所有的轮子都接触地面，即便漫游车穿越复杂地形时也能如此。
- 相机。
- 桅杆。
- 钻头。

课堂提问

- 你能在火星生命漫游车（ExoMars）上认出哪些部件？
- 火星车的不同部件是如何相互配合、高效工作的？
- 你设计的新漫游车将承担哪些任务？
- 你认为漫游车的哪个部件是所有车型都需要的？
- 你能否解释一下为什么你的漫游车适合火星探险任务？

额外的挑战／拓展活动

为你设计的漫游车制作一个 3D 模型，说明漫游车设计的发展历程。

分析漫游车为了去到其他星球应该做出什么样的适应性改变。

差异性教学思路

支持：

- 写出漫游车工作的说明书。
- 注释设计草图。

挑战：

- 写一篇文章，解释漫游车是如何工作的。
- 使用分解图和断面结构图绘制设计草图。
- 在选择最佳方案之前，先草拟一系列备选方案。

教学小贴士！

运用学生熟悉的车辆（例如自行车，汽车，卡车和推土机）探究为什么不同类型的车辆适用于不同的地形。

第三章
词汇找找看

找出那些你在本章中学到的单词。
注意：单词可能是正着写，倒着写，或斜着写的。

你能发现以下 9 个字母开头的单词吗？

D F H P S S T V W

第三章：词汇找找看③

X	B	E	G	Y	B	V	Z	H	J
F	Y	R	U	V	N	S	D	X	Z
O	D	U	L	M	A	G	W	E	J
S	Y	T	I	D	I	M	U	H	E
S	P	A	C	E	C	R	A	F	T
I	K	R	Z	V	F	D	S	I	L
L	E	E	N	L	N	O	V	G	L
W	H	P	Y	I	L	E	K	O	I
O	I	M	W	A	H	P	A	V	R
M	S	E	R	T	O	V	I	P	D
M	C	T	V	O	L	C	A	N	O

活动背景

词汇找找看游戏是一种有趣的活动，可以扩展学生的词汇量。学生可以将自己找到的单词填到本书最后的太空词汇表里（见活动 6.3：太空词汇表）。

活动组织

词汇找找看游戏给学生提供了回顾和讨论已学内容的机会，当学生阅读这些章节时，提醒他们在词汇表中写下关键词，帮助他们创建词汇库。

在寻找每个单词之前，请参看单词搜索网格下面标注的起始字母。全班一起或者是和小组伙伴一起讨论这可能是什么单词。问问学生，看看他们是否能找到这些单词。

一旦学生理解了游戏的玩法，他们就可以独立完成之后的游戏。

答案

单词游戏 3：钻孔机（Drill），化石（Fossil），湿度（Humidity），支点（Pivot），太阳能（Solar），宇宙飞船（Spacecraft），温度（Temperature），火山（Volcano）、风（Wind）。

钻孔机（Drill）：一种前部尖锐凸起的机器，通过旋转在物体（如岩石）中钻孔。

化石（Fossil）：已经石化的古代生命形式的遗存。

湿度（Humidity）：蒸发到空气中的水的含量。

支点（Pivot）：杠杆围绕运动的中心点。

太阳能（Solar）：与太阳有关的能量。

宇宙飞船（Spacecraft）：为太空旅行而设计的交通工具。

温度（Temperature）：衡量物体冷热程度的度量方式。

火山（Volcano）：一种锥形的火山，能喷发出熔岩、火山灰和热气体。

所需资源

- 尺子，钢笔，铅笔
- 用于研究的电脑、电子设备或课本

风（Wind）：在大气中对流和移动的气体。

额外的挑战 / 拓展活动

让学生准备火星主题的词汇找找看游戏，在 18 页找到空白的游戏模板。

差异化教学思路

支持：

- 给学生分配单词，以班级或小组为单位找出单词的定义。
- 以班级或小组为单位创作一首歌曲。

挑战：

- 学生完成词汇找找看游戏后，让他们总结一个生词表，在此基础上设计一个更大的词汇找找看游戏，考考他们的朋友。你可以设计难度不同的题，比如给出整个单词，单词首字母或者给出提示。

教学小贴士！

让学生就每一个生词造句。

和宇航员提姆·匹克一起飞到国际空间站去!

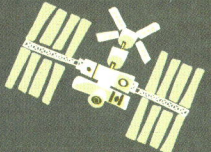

《原理号太空日记》是《太空日记》太空系列丛书的第一本。它记录了欧洲航天局宇航员提姆·匹克前往国际空间站执行任务的过程。学生通过创造性活动学习科学思维的同时,了解成为一名宇航员应该具备的条件。

第四章
火星上的科学

是时候让学生穿上他们酷酷的实验服了。在收集到了火星岩石样本的前提下，学生将有机会进行科学研究、编码、解码和实验。他们还将设计一个简单的机器协助火星生命漫游车工作，目的是让学生探索力学。

本章内容

4.1 团队合作：
完成一个迷宫，使用一组给定的指令为你的
漫游车编程
科学+编程

4.2 漫游车的发现：
认真解读并破解火星岩石密码
科学+编程

4.3 火星力学：
利用提供的工具设计一个简单的机器，提升漫
游车并翻过一座山
科学+设计与技术

4.4 太空实验室：
设计一个科学实验来回答一个以火星为主题的
科学问题
>科学+设计与技术

词汇找找看④：
从第四章中找出10个科学词汇
>科学+读写

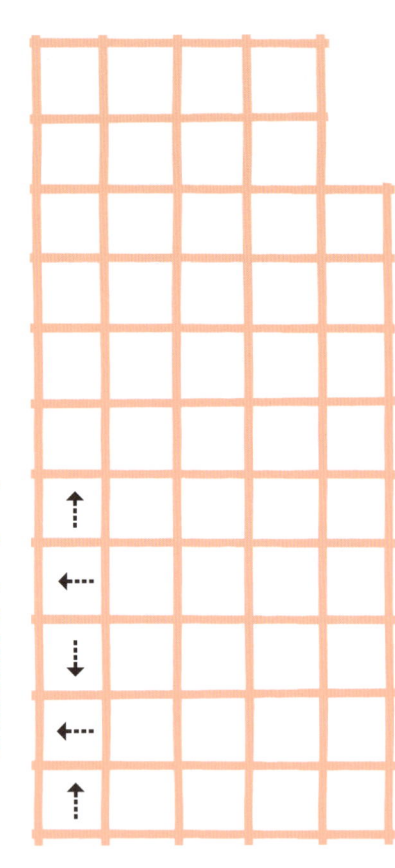

火星生命漫游车需要正好 53 条指令才能到达岩石的位置。

团队合作

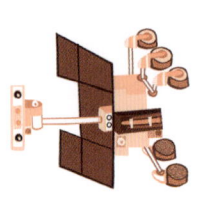

你的火星车已定位到了某块重要的火星岩石，
不过它需要你的协助才能抵达正确地点。你和你
的机器人朋友需要认真计划、协同努力才能达成
这一目标。

从这开始

我是机器人专家皮
特·马卡维。通过绘制
通往迷宫中心的路径，
帮助你的漫游车定位火
星岩石；然后创建一系
列指令，让它顺着你设
计的路径到达目的地。
前五个指令已经标注在
右图中，你能完成其余
的指令吗？

活动 4.1：团队合作

活动背景

本活动要求学生使用给定的指令，引导漫游车通过迷宫。这将锻炼他们自己解决问题的能力。

火星生命漫游车（ExoMars）2020是一项无人操控任务。漫游车既不是由宇航员带去火星的，也不是由驻扎在火星上的宇航员来控制的。这意味着火星生命漫游车被编程为全自动运行，欧洲航天局任务控制中心仅负责在地球上远程控制和监督。

2015—2016年期间关注过提姆·匹克太空任务的同学应该还记得，提姆·匹克曾在国际空间站远程控制一台测试中的漫游车，这辆车属于英格兰斯蒂夫尼奇空中客车集团防务与航天公司。在这次实验中，提姆在模拟火星环境中引导火星生命漫游车前行，以测试我们是否能在环绕行星运行的同时操纵机器人。本活动让学生思考在恶劣地形条件下，为漫游车穿越未知区域导航需要做些什么。

活动组织

给学生解释清楚，火星生命漫游车（ExoMars）是人机协作的机器人。漫游车必须在火星上自主工作，但任务控制中心需要从地球上对它进行监测和调节。给学生看火星生命漫游车（ExoMars）详细图表，观察它的设计和特点，包括它如何在具有挑战性的地形上移动以及如何与地球联络。

安排一个障碍训练场地（如果可以的话在大厅里进行）。把学生两人一组结成对子，（其中一个学生蒙住眼睛）两个学生轮流扮演控制器和漫游车。还可以采用另外一种方式（在教室里进行）。学生向蒙着眼睛的同伴发布一些简单的指令，比如让他画一个简单的图案。与学生讨论远程控制物体是容易的还是困难的。

所需资源

- 火星生命漫游车（ExoMars）拍摄的图像
- 漫游车示意图
- 眼罩
- 笔记本电脑（可选）
- Roamer 机器人（可选）

答案

团队合作

你的火星车已定位到了某块重要的火星岩石，不过它需要你的协助才能抵达正确地点。你和你的机器人朋友需要认真计划、协同努力才能达成这一目标。

我是机器人专家皮特·马卡姆。通过绘制通往迷宫中心的路径，帮助你的漫游车定位火星岩石；然后创建一系列指令，让它跟着你设计的路径到达目的地。前五个指令已经标注在右图中，你能完成其余的指令吗？

The correct commands are:

Did you get all 53?

差异化教学思路

支持：

- 用转折符号来描述路线。

挑战

- 用罗经（方位点）来描述路线。

- 引入网格线作为参考，描述迷宫的路线。

课堂提问

- 漫游车是如何与地球联络的？

- 漫游车的哪些设计特点确保了它能在火星上运行？

- 在不同的岩石地形中，漫游车是如何导航的？

- 任务控制中心如何给火星生命漫游车导航？

额外的挑战 / 拓展活动

- 设计一个迷宫，请你的同伴来完成。

- 写一篇日记，题目是"火星生命漫游车（ExoMars）生命中的一天"为题写一篇日记。

- 制作一个 3D 火星地形图，包含一辆火星生命漫游车的模型。

教学小贴士！

利用我们的模板，让学生制作自己的漫游车迷宫，然后可以向同学发起挑战，让同学使用活动中提供的指令给漫游车编程。

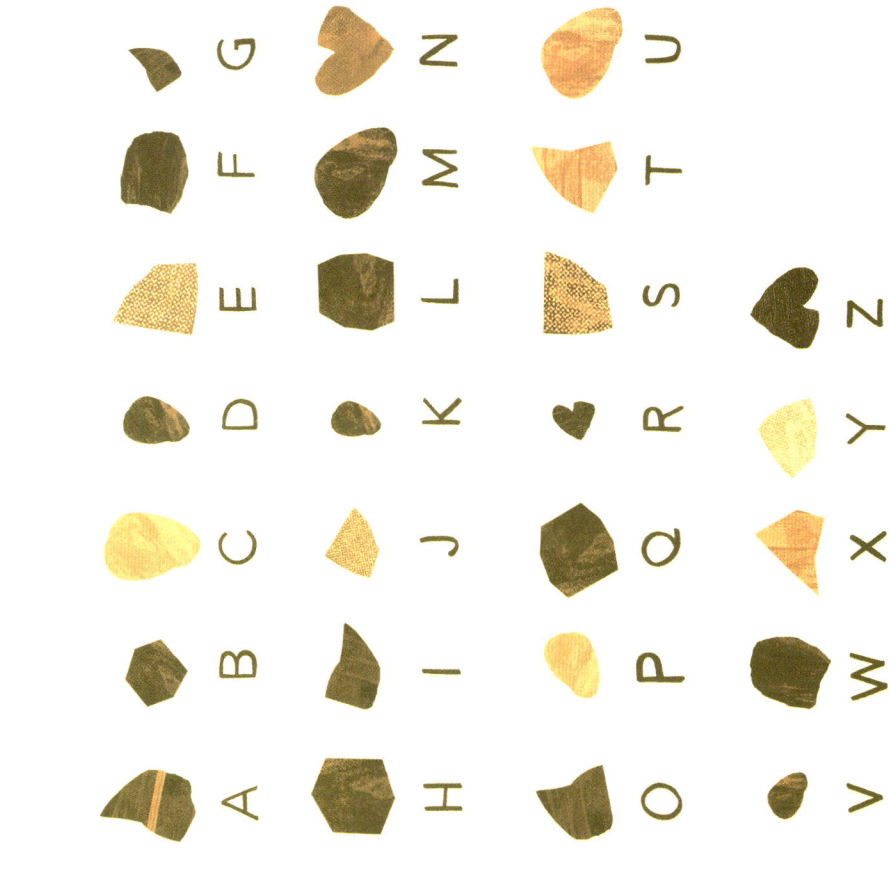

漫游车的发现

你的漫游车最近一直在忙！它不仅收集了一些火星岩石，而且还在火星大气中发现了一些高水平的物质。但是漫游车和地球的联络一直有问题——你得弄清楚火星生命漫游车到底想告诉你什么。

活动 4.2：漫游车的发现

活动背景

本节活动以火星生命漫游车（ExoMars）收集的岩石样本为前提，让学生凭眼力辨别来破解密码。本节内容也给学生提供机会考虑机器人和人类探索的区别。这两种不同探索者的优缺点各是什么？如何才能让这两者在火星表面以最优的方式协同工作？

火星生命漫游车（ExoMars）任务是人类和机器人之间的一次真正的合作。像火星生命漫游车（ExoMars）这样的机器人比人类更容易经受住火星上各种状况的考验，因为它们不需要氧气、食物，也不需要像人类一样的辐射防护。他们可以用太阳能板为自己充电，更不会有人类的心理问题和情感需求；因此，机器人独自长时间进行火星探险完全不是问题，但是机器人不具备人类那样的直觉。火星生命漫游车（ExoMars）将在人类的引导下收集最具科研价值的岩石样本，以便我们研究火星上是否存在或至少曾经存在过生命。

活动组织

在本次活动中，学生将破解一条来自火星的密码。

向学生解释火星生命漫游车（ExoMars）的工作是收集数据，然后发回地球，供我们进一步了解太阳系。让学生看看之前的火星任务传回地球的图片和发现，了解科学家们从中学到了什么。

告诉学生，漫游车向地球发送信息，地球上的任务控制中心负责接收这些信息。一旦收到信息，获取和分析这些数据将是人类的工作。

人机密切协作的一个方面是，控制人员需要解释火星生命漫游车（ExoMars）发送的数据，给学生介绍代码破解活动。

所需资源

- 火星生命漫游车（ExoMars）发回的图片
- 可搜集岩石样本的户外场地（可选）
- 用于研究和搜集证据的手提电脑（可选）

答案

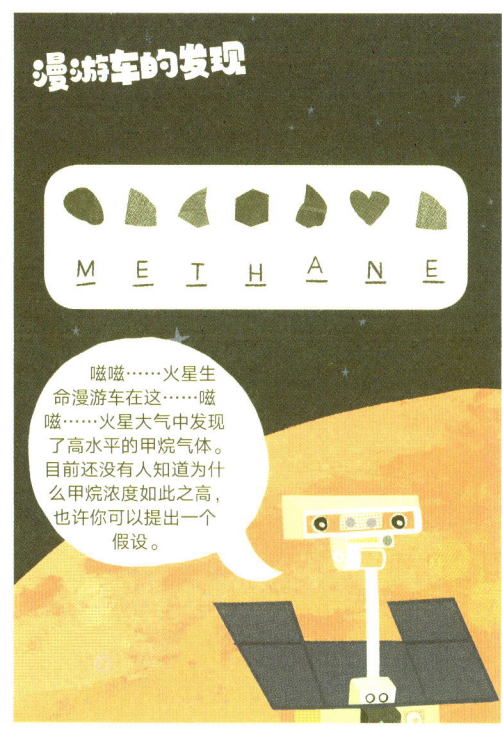

课堂提问

- 人们如何收取火星生命漫游车（Ex-oMars）发来的信息？

- 火星上的岩石和地球上的岩石是一样的吗？

- 你认为从火星这类行星上收集样本为什么很重要？

- 你能否分析 / 研究一下火星探险中最重要的发现？

- 你认为人和机器之间紧密关系的优点和挑战是什么？

额外的挑战 / 拓展活动

用代码自创一条消息，测试一位朋友。确保该单词和火星相关［如漫游者（rover），奥林匹斯山（Olympus Mons）等］。

去外面寻找一些地球石块，分别拍照并标注为不同的字母。用这些岩石图片设计成单词，让同学们来解密吧。

研究。找出为什么代码破译后的答案是甲烷。分析火星上的发现。将这些想法整理成小报或 PPT 演示文稿。

这些想法可以结合在一起展示。

差异化教学思路

协助：

- 在学生开始练习之前，为代码表添加更多的字母。

挑战：

- 给字母编号（A=1，B=2，等等）。接着让学生将把数字与字母匹配，并找出它在代码中的位置。

- 基于岩石样本开发一个类似的代码。学生可以为字母表中的每个字母画出岩石样本，并设计单词让其他人来破译。

火星力学

你的火星生命漫游车已经收集到了火星岩石样本,现在要带回来给你,但是它被卡住了!漫游车在夏普山的另一侧抛锚了,你能发明一个简单的机器让你的漫游车翻过这座山回到你身边吗?

在你的设计中将使用以下哪些工具?

滑轮

斜坡

杠杆

轮子

齿轮

螺丝

楔子

活动 4.3：火星力学

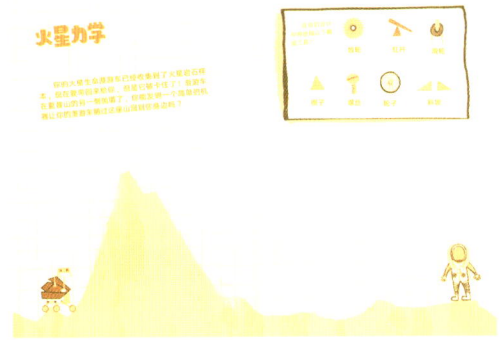

活动背景

尽管火星生命漫游车（ExoMars）使用其内置的仪器来分析样本，但这项活动要求学生制造一台机器将采集的岩石样本送回火星上的宇航员手中。这个创造性和技术性的挑战要求学生考虑解决问题的方法。学生可以从生活中的建筑玩具中获取灵感，造一台机器帮助漫游车翻过一座山。这是向学生介绍力、结构和机械的理想方法。

活动组织

在学生设计机器之前，让他们熟悉"空间力学工具箱"。

能力较弱的学生可以在学校周围搜寻各类"机械"，找找日常使用的齿轮、杠杆、滑轮等。收集机械的照片和草图，并把这些知识带回课堂上和同学们一起分享。

首先在小组中（以班级为单位也行）设计一台机器。然后让学生一起优化设计。能力较弱的学生可以模仿大家的设计思路，并在课堂上向大家解释机器的工作原理。

课堂提问

- 为什么研究从火星上不同地方采集的岩石样本非常重要？

- 漫游车为什么要翻山，而不是绕山回来？

- 你认为漫游车会带回什么发现？对岩石进行科学分析，你能获得什么新信息？

- 在地球上我们用什么机械来提升物体？

额外的挑战／拓展活动

思考一下，如果夏普山的高度或形状和现在完全不同，那会是什么情况呢？

为你设计的机械设备画一张技术图纸，并完整地做好标注。

你的机器将用什么材料制造？研究不同材料的性质，分析为什么你选择的材料是最适用的。

所需资源
- 将"空间力学工具箱"中的部件和物品弄散，以便学生检视探索，弄明白它们各自的用途是什么。

差异化教学思路

协助：

• 花时间学习不同机械和材料的特性，运用建筑材料，设计一个提升机。

挑战：

• 帮助学生按照合适的大小，准确绘制比例图或制作模型。

• 鼓励探索不同的提升方法，寻找一种最适合火星的方案。

教学小贴士！

学校操场上的设施通常使用简单的工具（例如，滑梯是坡道，跷跷板是杠杆）。如果条件具备，让学生在操场上寻找并研究本章所列的工具。

太空实验室

轮到你了，教授！是时候开始你自己的太空实验了。

你一定对已发现的火星岩石样本、水样本、甲烷以及其他东西有疑问。就你选择的主题设计一个实验吧！

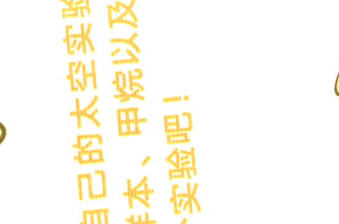

我想知道……

我需要以下材料：

我的实验方法是：

我猜：

画出并标注你的实验过程吧……

活动 4.4：太空实验室

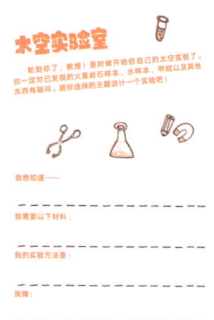

活动背景

科学研究最基本的内容就是为了验证某个假设来设计实验。本章先让学生调查火星上是否存在甲烷，以此为基础为结论做好铺垫。要完成本章的学习，学生必须思考如何找到甲烷：去哪儿找甲烷，或甲烷产自哪里。

甲烷是一种以气体形式存在于地球大气中的有机分子。地球上 90% 以上的甲烷是由生物体产生的。在火星上已经探测到甲烷的存在，正是因为这个原因，科学家相信火星上可能存在外星生命。但是甲烷并不只有这一种产生方式。在地球上，科学家发现了一种生活在南非维特沃特斯兰德盆地地表以下 2～3 千米处的微生物，这些微生物也产生甲烷。如果火星地表下有类似的微生物存在，也可以解释火星上存在甲烷的原因。还有另一种可能性，甲烷可能是数百万年前生活在火星上的微生物产生的，随着火星地表温度和压力的变化而释放到大气中，这表明火星上至少曾经存在过生命。

甲烷也可以通过无机过程或地质活动产生。例如甲烷可能出现在温泉或火山中，但是这并不意味着火星上曾经存在过生命。这些甲烷可能产生于数百万年前，并被长期埋藏在地表下；火星地表下正在发生的某些化学反应也有可能产生甲烷，然后将甲烷释放到大气中。

确认火星上甲烷的存在是火星生命漫游车（ExoMars）的一项任务。自 2016 年以来，火星生命漫游车（ExoMars）火星微量气体轨道探测器一直在绘制火星上的甲烷地图。火星生命漫游车（ExoMars）抵达火星时，它在火星岩石上钻孔来寻找生命迹象。这将帮助科学家们论证火星上的甲烷是由生物活动还是地质活动产生的。

"好奇号"在盖尔陨石坑测量到甲烷的峰值为 7ppb，这比背景值高 10 倍。研究人员提出了三种假设来解释这一奇怪的现象。这些假设设计精妙，都可测试。

第一种假设认为，盖尔陨石坑的土壤在干燥时吸收甲烷，当火星土壤的相对湿度升高，高到足以让高氯酸盐从大气中吸收水蒸气并发生"潮解"时，甲烷就会被释放到大气中。第二种假说是最让人兴奋的一种，这种假说认为火星上的甲烷是由微生物产生的。当微生物处于液态溶液中时，它会将土壤中的有机质转化为甲烷。第三种假设认为甲烷

所需资源

- 工作簿
- 绘图工具

的爆发是由深层地下含水层产生的。

幸运的是，"好奇号"有可能会弄明白哪种解释的可能性最大。如果前两个假设中任意一个是正确的，那么甲烷将呈现季节性的变化，每年都会重复。如果产生的原因是无机吸附，甲烷应在初冬达到峰值，如果是生物起源，那么它应该在冬末达到峰值。偶发的峰值则倾向于第三种假设。当然，也可能有作者没有考虑到的其他原因。

活动组织

确保学生知道科学家已经证明火星上存在甲烷。

给学生看相关的视频，和他们讨论火星上甲烷来自何处的不同假设。

结对或分组讨论。给学生足够的时间讨论如何调查气体的来源。

思维分享：可以通过思考／结对／分享，或选几个同学向全班说说自己的想法。

提醒学生出现甲烷的三个假设，确保他们能够将自己的预想与实验相结合。

给学生时间来完成计划表——鼓励学生给他们的图表标上标签，并且能够解释他们的实验。

课堂提问

- 地球上甲烷是如何产生的？

- 科学家是如何知道火星上存在甲烷的？
- 科学家们认为火星上的甲烷来自哪里？
- 2010 年火星生命漫游车（ExoMars）到达火星后，科学家准备如何调查火星上甲烷存在的位置？
- 火星上存在甲烷这个事实能够得出什么结论？

额外的挑战／拓展活动

为了取得更科学的学习效果，应该给能力强的学生更多独立学习的机会，让他们得出自己的结论。

为了让他们更好地理解科学研究的过程，应该给这些学生时间研究以下问题：

- 科学家计划如何利用火星生命漫游车（ExoMars）研究甲烷？
- 甲烷在地球上造成的生态问题。
- 太空探测器和漫游车收集的数据类型。
- 其他太空探测器和漫游车。

差异化教学思路

协助：

- 一些学生需要得到额外的帮助，讨论的时候把他们编入有成年人提供帮助的小组将有利于他们的发挥。

- 在学生设计实验时，可以给他们一系列的选项，让他们从中选择最合适的。

- 有些学生在设计实验方面经验不足，可以给他们提供一系列计划好的实验方案以及有关甲烷来源的三种假设，让他们匹配不同的假设和相应的实验并给出自己的理由。

挑战：

- 一些学习能力强的学生可以和水平相近的同学组队，共同设计实验，一起讨论一些更复杂的想法。

教学小贴士！

利用这个活动，提醒学生在实验室工作或进行科学实验时的存在的风险和相关安全措施。

第四章
词汇找找看

找出那些你在本章中学到的单词。
注意：单词可能是正着写，倒着写，或斜着写的。

你能发现以下 10 个字母开头的单词吗？

M G E I L M S M M P

第四章：词汇找找看④

M	S	N	G	W	T	P	T	N	E
F	E	F	I	N	K	Z	K	X	N
R	V	T	E	A	V	N	P	E	A
V	A	V	H	E	T	E	T	B	H
X	N	E	K	O	R	N	S	E	T
I	V	T	G	I	D	H	U	J	E
Y	M	A	M	E	A	S	U	O	M
M	S	E	P	R	E	V	E	L	M
W	N	H	P	M	Y	I	T	R	W
T	S	C	I	N	A	H	C	E	M
P	U	L	L	E	Y	Y	D	N	N

搜索网格下面标注的起始字母。全班一起或者是和小组伙伴一起讨论这可能是什么单词。问问学生，看看他们是否能找到这些单词。

一旦学生理解了游戏的玩法，他们就可以独立完成之后的游戏。

活动背景

词汇找找看游戏是一种有趣的活动，可以扩展学生的词汇量。学生可以将自己找到的单词填到本书最后的太空词汇表里（见活动 6.3：太空词汇表）。

活动组织

词汇找找看游戏给学生提供了回顾和讨论已学内容的机会，当学生阅读这些章节时，提醒他们在词汇表中写下关键词，帮助他们创建词汇库。

在寻找每个单词之前，请参看单词

答案

单词游戏 3：实验（Experiment），齿轮（Gear），发明（Invent），杠杆（Lever），力学（Mechanics），甲烷（Methane），方法（Method），山（Mountain），滑轮（Pulley），锋利（Sharp）。

实验（Experiment）：为了解某种东西，在设计的控制条件下进行的科学实验。

齿轮（Gear）：一种带齿的盘或轮，与类似的盘或轮啮合以产生运动。

发明（Invent）：创造或设计以前从未存在过的东西。

杠杆（Lever）：在支点上转动的硬杆，用来施加力来移动某物。

力学（Mechanics）：物理学的一个分支，用来描述力和物体的运动。

甲烷（Methane）：一些岩石和

所需资源

- 尺子
- 用于研究的电脑、电子设备或课本
- 钢笔／铅笔
- 火星知识卡（如果需要的话——请看有用的链接）

生命物质产生的强温室气体，可用作燃料。

方法（Method）：措施，做某事的方法。

山（Mountain）：从地面上高高隆起的一片土地。

滑轮（Pulley）：一种带槽的轮子，上有绳索，用于提升物体。

锋利（Sharp）：一种有刃的能刺穿某物的物体。

额外的挑战 / 拓展活动

让学生设计各自的火星主题词汇找找看游戏，在本书第 18 页有空白词汇找找看游戏模板。

差异化教学思路

支持：

- 把单词任务分派给学生，以小组或班级为单位寻找单词的定义。
- 以小组或班级为单位创作一首歌曲。

挑战：

- 学生完成词汇找找看游戏后，让他们总结一个生词表，在此基础上设计一个更大的词汇找找看游戏，考考他们的朋友。你可以设计难度不同的题，比如给出整个单词，单词首字母或者给出提示。

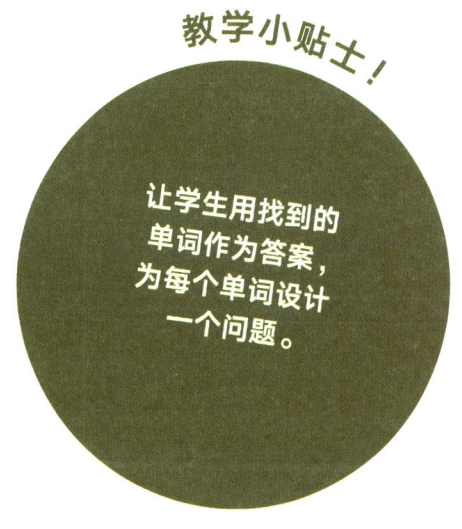

教学小贴士！

让学生用找到的单词作为答案，为每个单词设计一个问题。

第五章
永续生活

学生利用已有的地理和生物学知识，设计一个永续的火星城市，包括安全的住所，能源供应和食物生产。

本章内容

5.1 城市规划者：
以地球图像为参考，绘制火星城市的卫星图
>科学+地理

5.2 室内生态植物园：
设计一个有可持续水源的，用于种植食物的太空植物园
>科学+艺术

5.3 给城市供能：
参考地球的能源供应，设计火星供能的方法
>科学+设计与技术

5.4 保卫你的城市：
在火星上设计一座城市，保护它免受火星严酷天气和致命辐射的影响
>科学+艺术

词汇找找看⑤：
从第五章中找出8个科学词汇
>科学+识字

小镇
规划师

是什么造就了一个伟大的家？画出你设计的火星城市卫星图，要有道路、交通、公园、医院和学校。这是你心里的太空乌托邦，所以一定要把你心目中完美居住地应该具备的所有元素都画出来。

活动 5.1：城市规划者

活动背景

这项活动可以让学生开动脑筋，想象从卫星看火星上的城市会是什么样子。让学生把它画下来，练习一下自己绘制地图和绘画的技巧吧，学生可以画出和无人机拍摄照片相媲美的画。

活动组织

告诉学生，他们将设计一座自己的火星城市。给学生看一些带有可识别特征的城镇和城市的鸟瞰图（如议会大厦、黑池塔等），确保他们理解了概念。使用在线地图展示一些当地学生知道的地方，找出一些他们所处环境的人类特征和物理性特征。与学生讨论房屋、学校、农场等带有人类特征的位置。鼓励学生思考一下为什么这些建筑设施被安排在这个位置并就此提问。

看看火星表面的图片，重点关注这个星球的物理性特征：大气、地形、水、天气等。这些特征对建立人类定居点有什么影响？

课堂提问

• 定居点需要满足哪些人类的基本需求？

• 你如何将这些需求纳入计划中？

• 需要具备什么基础设施才能让人们住在那里？

• 火星的自然地理条件将如何影响城市规划？

• 这个定居点与地球上的城市相比如何？他们的相似点和不同点是什么？

额外的挑战／拓展活动

写写关于地图的一些特征：

• 基础：为什么包括这个特征？这个特征对定居点有什么用？

• 提高：那个地方发生了什么事？定居点未来如何发展？

• 以这个城市为背景创作一个科幻故事。

所需资源

• 本地的在线地图
• 火星地表的图片

101

差异化教学思路

协助：

在地图上覆盖一个网格。使用四数网格系统（four figure grid references）定位地图上的特征。

挑战：

在地图上覆盖一个网格。使用六数网格系统定位地图上的特征。

在地图上添加自然地理特征和人文地理特征。研究火星环境确保它们的准确性。

创建一个图例，使用符号来表示地图上的地点。

教学小贴士！

创建一个思维导图，作为一个课程列出城市所需要的所有东西，通过使用住房、服务、体育和娱乐等主题搭建框架。

室内生态植物园

你已经走遍这个红色星球，现在该该扎根火星了。设计一个大空植物园，你可以在里面种植新鲜的可食用植物，以及可以让你在火星上生存下去的其他资源。别忘了，你需要有可持续的水源。

活动 5.2：室内生态植物园

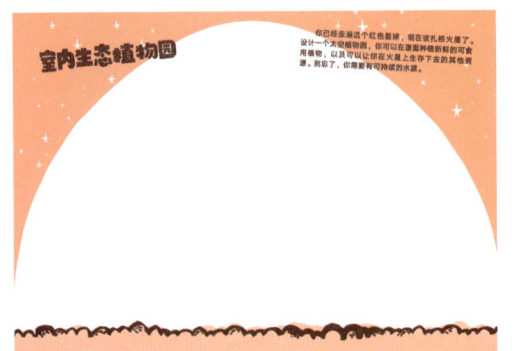

研究或确定植物生长所需的基本要素——讨论人在火星上可能会遇到的问题，参考提姆·匹克的项目。

讨论适于太空生长的最佳植物名单。

在纸上或者运用绘图软件设计一个火星植物园或迷你植物园，做好标注。确定火星园丁所需的设备、材料或机器，以帮助植物茁壮成长。

活动背景

如果人类想成功移民其他星球，那么在地球之外获取可再生食物资源的能力就变得至关重要。我们需要考虑如何克服缺乏现成的水资源和微重力等困难，确保植物能在外星环境中生长。

科学家们正与国际空间站上的宇航员一起研究零重力环境对植物的影响，并创建一个"太空植物园"。它能给宇航员补充有营养的食物，并有助于研究在其他星球上高效种植作物的方法。尤其有意思的是，因为园艺对心理活动有积极影响，这个项目还将产生一个额外的好处，那就是有助于宇航员的健康。

课堂提问

- 你觉得为什么水对生命如此重要？
- 你能给朋友解释一下水循环系统吗？
- 植物需要什么条件才能生长？

额外的挑战 / 拓展活动

使用植物园里出产的产品，研究或自创一份食谱。

差异化教学思路

协助：

- 让学生以小组为单位，使用提供的种子设计和栽种一个"植物园"，让学生接受挑战，在接下来的几周内维护他们的植物园。观察一下，哪个植物园长势最好，为什么？学生应该记录

活动运行

在这个课的旁边最好能有一个水循环项目，例如另一门课上正在使用的，或者指定一个小组搭建一个小型水循环系统。

所需资源
- 种子，土壤，喷壶，水等

一份日志，记录他们为维护植物园所做的事情，并找出那些最成功植物园的维护模式。

挑战：

- 设计一个植物园，并确定如何才能让植物在火星长势最佳。在这样恶劣的环境下，学生需要考虑什么因素？如何确保他们的植物获得足够的营养、光照和水？让学生向朋友、别的组或全班同学陈述自己的观点吧。

  让我们来玩个"热座"（Hot seat）游戏，主题是火星上的园丁。现在就列出问题清单并开始研究吧。

第五章
活动 5.2
室内生态植物园

教学小贴士！

课堂讨论昆虫在地球植物园中扮演的角色。学生可以调查哪些昆虫帮助植物生长，哪些昆虫阻碍植物生长。

105

给城市供能

你的火星生活缺少一个元素——能源！你的火星定居点需要能源来维持运转。研究地球上不同类型的能源，并以此为灵感设计你的火星能源供应系统。

嗨，勇敢的火星人！
你不可能从地球上获得能源供应，那么火星上有什么资源可以为你的城市提供能源呢？

水电站大坝

化石燃料

风力涡轮机

太阳能电池板

核能

活动 5.3：给城市供能

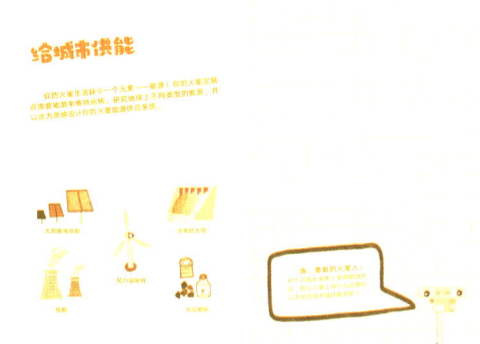

活动背景

如果人类因为项目研究或长期定居的需要延长在火星上的停留时间，那么设计一种能量来源就成为一个至关重要的因素。

火星生命漫游车（ExoMars）使用太阳能提供动力。然而火星上的尘土可能会覆盖太阳能板并影响发电。火星离太阳的距离也比地球远，这意味着到达火星的太阳的光和热更弱，因此太阳能能效比地球上的水平低。虽然火星上的风时常卷起遮天蔽日的尘埃，但风力却不足以为一座城市的运行提供能源。地热能看上去倒是一个可行的选择，可以为火星上的定居点提供能源。航空航天工程师罗伯特·祖布林认为，美国宇航局的"好奇号"火星探测器探测到的甲烷气体表明在火星地表下可能存在地热能。在火星地表钻孔，地表下的热水会以蒸汽形式喷发出来，可以驱动涡轮机，用于发电。

为准备这次活动，你可以重温活动3.1 "火星天气"（第 62 页），讨论火星天气，以及活动 3.4 "设计你的火星生命漫游车"（第 73 页），提醒学生，火星生命漫游车（ExoMars）是由太阳能板驱动的。

活动运行

鼓励学生成为活动表上某一种能源类型的"专家"。这种能源在地球上的什么地方开发利用？让学生和他们组的其他人/全班一起分享这些信息。哪种方式最好，是单一的能源还是多种能源的组合？

火星已经具备哪些种类的能源？我们在地球上开发使用这些能源了吗？我们是怎样使用这些能源的？

让学生设计并画出他们的"发电厂"。一些学生可能会设计如何在火星上捕获能源的 3D 模型，展示如何利用地底下和地上的能源。他们可以使用可回收材料，例如彩泥或建筑玩具等，来完成这个任务。

课堂提问

• "可持续能源"是什么意思？
• "可再生能源"和"不可再生能源"有什么区别？

所需资源

• 运用参考书籍或网络获取有用信息

- 你的发电厂提供的是可持续能源吗？为什么是或为什么不是？

- 想想我们在地球上使用的能源。哪些是可持续能源，哪些不是？

- 为什么使用可持续能源很重要？

额外的挑战 / 拓展活动

要求学生从历史的角度或从人类历史的特定年代的角度来研究能源的来源。哪些地方的能源来源是可持续的？使用不同类型能源各有什么优缺点？

调查你所在地区的能源来自哪里。你所在区域使用哪些类型的能源？

差异化教学思路

协助：

- 安排能力较弱的学生完成教室中使用哪种能源的调查。

- 学生能找到学校使用哪种能源类型的证据吗？他们能否调查清楚如何给学校供能？问问学生为什么节约能源很重要。

挑战：

- 本次活动将提供一个很好的机会，鼓励学生就可持续能源进行辩论，并讨论地球上的可再生和不可再生能源。如果我们在其他星球重新开始（例如在火星上），我们在能源使用方面会有什么不一样的表现？学生研究可再生能源和不可再生能源，并就此分组进行辩论。

- 也可以让学生为未来的火星城市制作一份能源宣言，为他们的能源选择提供理论依据。

教学小贴士！

使用太阳能办公设备（如计算器）或其他小工具（如新奇的风扇），就教室里的能源这一题目进行简单的实验。

保护你的城市

是时候把计划付诸实施了！画出你的火星城市，加上你的室内生态植物园和能源供应系统。注意，你还得设计一种方法来保护你的城市免受致命辐射和狂暴大风的侵袭。你会会在地面上盖房子，还是走去地底冒险呢？

活动 5.4：保卫你的城市

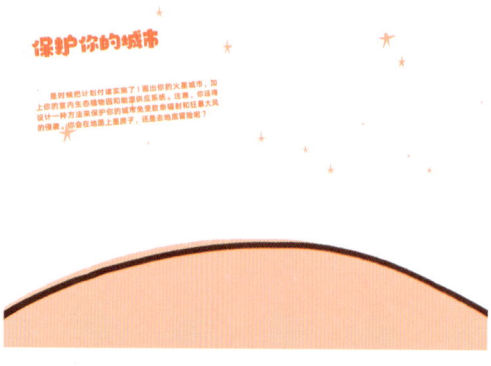

保护你的城市

是时候把计划付诸实施了！画出你的火星城市，加上你的室内生态植物园和能源供应系统。注意，布这得设计一种方法来保护你的城市免受辐射和任意大风的侵袭。你会在地面上盖房子，还是在地底下呢？

活动背景

本活动让学生思考人类在另一个星球上的成功生活所应该具备的条件。

火星的大气层比地球的薄得多，其中 95% 是二氧化碳。这就意味着，为了在火星生存下去，人类需要生活在一个加压穹顶建筑中，一旦离开建筑就要穿上充满氧气的加压宇航服。火星没有像地球一样的磁场，无法抵御来自太阳的辐射，因此人类还需要防范辐射带来的伤害。

水是生命之源。生活在火星上的人类需要设法从火星土壤中提取冰，将其蒸馏成水，然后再循环利用。

火星上的移民要想自给自足，就需要具备生产食物的能力。例如在增压的特殊园地中种植作物。学生可以参考活动 5.2：室内生态植物园（第 104 页）的内容来设计园地的位置。

能源也是必不可少的。学生可以参考活动 5.3：给城市供能（第 107 页），思考一下什么时间用什么类型的能源。

活动组织

首先参看活动 1.1 生命的迹象（第 24 页），回顾地球和火星之间的差异。鼓励学生回忆地球和火星之间的差异，包括大气、温度、气候、引力、自然资源（如水和食物）、自然能源、一天和一年的长度等。

组织课堂讨论，探讨人类需要哪些资源才能在火星上建立定居点。

课堂提问

• 在火星定居最大的风险是什么？

• 有什么是只有人类能在火星上做，而机器目前还不能做的事情？

• 你在火星上想要有什么规则和法律？

• 对于生活在火星定居点的人们，你会如何帮助他们维护心理和身体的健康？

额外的挑战 / 拓展活动

来自巴兹的消息：阅读巴兹·奥尔德林写给胸怀远大抱负的太空定居者的信。你能给他写封回信吗？

所需资源

• 工作簿

• 绘画用品

差异化教学思路

协助：

- "热座"游戏。试想你是一个住在其他星球的人类；或者你是一个外星人，人类正试图在你的星球上定居，而且你是所选星球的"城市规划者"。

- 使用信息和通信技术（ICT）：帮助你设想你的太空定居点，用卡通或绘图应用程序画出来。

挑战：

- 学生能否将他们的太空城变成一则广告，说服人们在那里定居吗？

- 针对能力较强的学生可以将此作为小组合作课题。小组成员先就人类在太空定居需要具备的条件来一次头脑风暴，然后每个学生负责一个方面，例如绘图，制作模型，或用电脑程序创建城市，有的学生负责陈述太空可持续生活的特点，还有的学生负责设计广告，说服人们去那里生活。然后大家轮流向其他小组介绍自己的城市以及自己具体承担的内容。

- 组织一次小组汇报。以新闻报道或电视广告的形式介绍各小组太空城的情况。

教学小贴士！

使用有用的链接里的 NASA 动画，让学生从太空车辆、建筑和设备的设计中识别保护人类的具体措施。

111

第五章
词汇找找看

找出那些你在本章中学到的单词。
注意：单词可能是正着写，倒着写，或斜着写的。

W	D	Y	R	D	K	E	G	T	S
R	Q	M	O	N	G	L	O	U	A
U	Q	P	N	V	U	B	M	R	T
B	N	U	C	L	E	A	R	B	E
U	T	O	P	I	A	N	I	I	L
R	A	D	I	A	T	I	O	N	L
H	F	S	C	S	A	O	E	I	I
J	T	N	B	Q	E	T	Y	U	T
Y	G	R	E	N	E	S	M	T	E
Y	X	Z	T	R	S	U	Y	B	R
S	E	C	R	U	O	S	E	R	H

你能发现以下 10 个字母开头的单词吗？

E N R R S T S U

第五章：词汇找找看⑤

W	D	Y	R	D	K	E	G	T	S
R	Q	M	O	N	G	L	O	U	A
U	Q	P	N	V	U	B	M	R	T
B	N	U	C	L	E	A	R	B	E
U	T	O	P	I	A	N	I	L	L
R	A	D	I	A	T	I	O	N	L
H	F	S	C	C	S	A	O	E	I
J	T	N	B	Q	E	T	Y	U	T
Y	G	R	E	N	E	S	M	T	E
Y	X	Z	T	R	S	U	Y	B	R
S	E	C	R	U	O	S	E	R	H

活动背景

词汇找找看游戏是一种有趣的活动，可以扩展学生的词汇量。学生可以将自己找到的单词填到本书最后的太空词汇表里（见活动 6.3：太空词汇表）。

活动组织

词汇找找看游戏给大家提供了回顾和讨论已学内容的机会，当学生阅读这些章节时，提醒他们在词汇表中写下关键词，帮助他们创建词汇库。

在寻找每个单词之前，请参看单词搜索网格下面标注的起始字母。全班一起或者是和小组伙伴一起讨论这可能是什么单词。问问学生，看看他们是否能找到这些单词。

一旦学生理解了游戏的玩法，他们就可以独立完成之后的游戏。

答案

单词游戏 5：能源（Energy），核（Nuclear），辐射（Radiation），资源（Resources），卫星（Satellite），可持续性（Sustainable），涡轮机（Turbine），乌托邦（Utopia）。

能源（Energy）：使事物运动的力量和动力，例如光和热。

核（Nuclear）：一种能量来源，源于储存在原子之间的能量被释放出来，原子是构成物质的粒子。

辐射（Radiation）：粒子释放出的能量，会对人类造成严重伤害。

资源（Resources）：自然界提供的物质，可以用作燃料，以及制造物品的材料。

卫星（Satellite）：放置在行星轨道上收集或传递信息的人造物体。

可持续性（Sustainable）：可以长期使用或运作的东西。

涡轮机（Turbine）：利用运动使叶轮转动，产生动力的机器。

所需资源

- 尺子
- 用于研究的电脑、电子设备或课本
- 钢笔／铅笔
- 火星知识卡（如果需要的话——请看有用的链接）

乌托邦（Utopia）：想象出来的完美地方或时间。

额外的挑战 / 拓展活动

让学生设计自己的火星词汇找找看游戏。在本书第 122 页有空白词汇找找看游戏模板。

差异化教学思路

支持：

- 给学生分配单词，以班级或小组为单位寻找单词定义。
- 以班级或小组为单位创作一首歌曲。

挑战：

- 学生完成词汇找找看游戏后，让他们总结一个生词表，在此基础上设计一个更大的词汇找找看游戏，考考他们的朋友。你可以设计难度不同的题，比如给出整个单词，单词首字母或者给出提示。

教学小贴士！

要求学生用其中一种解决方案来写一首小诗。

继续你的太空探险吧！

你只剩一章就要读完《火星日记》了，接下来还有什么新的知识等着我们去学习呢？《星际日记》将为你讲述韦布空间望远镜——加入我们，一起去人类从未到达过的，更远的太空旅行吧！

第六章
火星以及更多

为了完成火星探险，学生发展了他们的沟通技巧，练习了有说服力的视觉无障碍设计，练习了写作和插图，还巩固了学到的科学词汇

本章内容

火星上的周末

未来我们可以看到人类在太阳系四处旅行，他们是来玩的，而不是来做科学研究的。请设计一份太空旅行海报，吸引地球人来火星旅游。这份海报将在地球上的各个国家展示，你得让海报内容对任何地区的任何人都有吸引力。

活动 6.1：火星上的周末

活动背景

随着维珍银河（Virgin Galactic）和太空探索技术公司（SpaceX）在 2018 年首次进行载人太空旅行，太空旅游的梦想正在迅速变成现实。维珍银河准备带着 6 名太空游客飞出地球大气层，进入外太空，而 SpaceX 将携带 2 名太空游客绕月返回地球。这将是 40 年来人类离地球最远的一次旅行。

有不少太空游客已经到访过国际空间站，不过国际空间站一次只能容纳 10 名宇航员，发展太空旅游的空间非常有限。太空旅行耗资巨大，所以对经济实力也是挑战。

活动组织

把全班同学结对或分组，为每组提供一些选定的广告，给学生一些时间进行讨论，确定广告的关键因素（口号，夸张，有用的形容词／最高级，注重积极的祈使语气动词等。）

让学生明白广告的全部目的就是推销并说服观众购买产品。

给学生布置活动的任务，就是设计一个广告，推销火星度假产品。给学生一点时间在小组中讨论他们的想法和灵感。

在这个阶段你可能需要向学生提供一些相关信息，例如目前关于太空旅游的研究成果，还可以给需要帮助的学生提供一些广告图片。

在设计广告草案时，学生应该首先列出他们最初的想法——你可能需要提供一些图片和各种可供选择的纸张。

在完成广告终稿之前，学生应该与同伴一起评估他们的设计草稿，他们可以参考课程开始时小组讨论形成的要点清单，逐步提出修改建议。

课堂提问

- 广告的目的是什么？
- 你的广告受众是谁？为了吸引这一群体，你将如何调整你的设计？
- 在一则有说服力的广告中，你认为应该包括哪些重要的关键要素？
- 一则有说服力的广告与一段有说服力的文字有什么不同？

所需资源

- 绘画用品
- 有说服力的广告样品（印刷的度假手册，报纸广告等）
- 火星图片资料用于获取灵感

额外的挑战 / 拓展活动

挑战：

- 选用电脑程序将学生设计的广告排版成印刷品。

- 撰写一份脚本，将广告改编成电台广告或电视广告。

支持：

- 两人一组完成广告草稿和 / 或最终设计。

- 为学生提供图片和文字，以供他们在设计的广告中采用。

- 为学生提供模型以便在火星旅游广告中使用。

差异化教学思路

支持：

- 作为支持，首先让学生在有人指导的小组中罗列出广告要用到的单词和短语，然后再让他们独立完成工作。

- 作为更大的挑战，学生可以关注词汇的不同选择以及不同词汇对广告受众的影响。

挑战：

- 针对不同的受众，对其广告进行相应的调整。

- 作为更大的挑战，学生可以以小组为单位一起工作，制作一份由一系列广告组成的度假小册子，其中每一则广告都聚焦一个不同的"度假胜地"。

教学小贴士！

拼贴图片和文字是一种很好的方式，可以为特殊教育需要的学生（SEN）或那些对艺术创作没有信心的学生提供支持与帮助。

X行星

漫画特征：

语音泡泡

思维泡泡

超级英雄宠物？

外星人？

漫画 幽默

新发现了一颗行星，以这颗行星的太空任务为主题，设计并创作一个漫画故事。

活动 6.2：X 星球

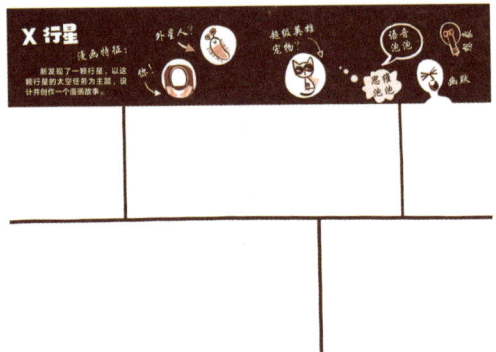

景，并通过写下 / 画出开头、过程和结尾来设计故事情节。

下节课

根据自己给故事做的计划一步步创作漫画。学生可以自主选择如何完成漫画——笔、颜料、水彩画等。

活动背景

这是一次创作性的活动，可以让学生发挥他们的想象力，创作一个超越红色星球的漫画场景。学生可以思考其他行星上可能存在什么样的生命，以及它们可能与地球上的事物有哪些相似之处。

课堂提问

- 什么读物可以让我获得阅读的乐趣（书籍、诗歌、网络文学或电子书、杂志、报纸、漫画、漫画小说等）？

- 人们喜欢什么类型的故事？什么体裁？

- 漫画家如何讲述他们的故事？

- 会有多少写作的成分？

- 故事角色有谁？故事背景是什么？有什么样的故事情节和危机点？

活动运行

读一些漫画或漫画小说，看看网络漫画，或者让学生把它们带到课堂上。问问学生：好故事有什么要素？艺术家是如何讲述故事的？

学生应该首先给自己的故事做个计划。让他们画出漫画中的角色；或者先用文字来描述角色，然后画出相应的图片。接着他们可以描述和画出故事背

额外的挑战 / 拓展活动

使用信息通信技术（ICT）——运用电脑或平板应用程序，学生可以重现他们的漫画。

作为家庭作业，写一部前传或续集。

所需资源

- 绘画用品

- 电脑或平板电脑（可选）

差异化教学思路

支持：

- 学生可以用较少的图片来创作或讲一个更短的故事。
- 教师可以提供文字版的故事，由学生创作成漫画版本。

挑战：

- 学生可以先详细描写故事情节，然后再画成漫画故事。
- 学生可以两人一起结对练习，分别创作漫画的第一部分和第二部分；也可以以小组为单位共同创作，每人完成一个部分，最后形成一个更完整的故事。

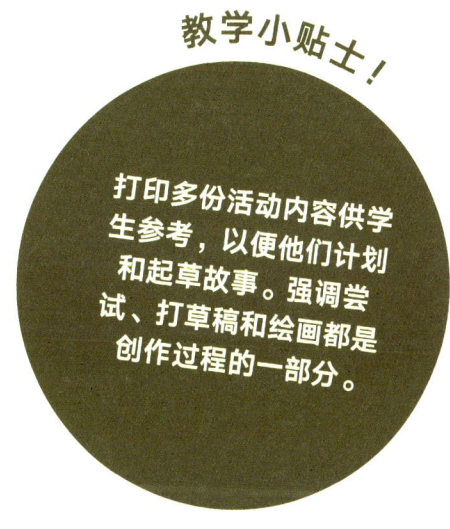

教学小贴士！

打印多份活动内容供学生参考，以便他们计划和起草故事。强调尝试、打草稿和绘画都是创作过程的一部分。

嗨，探险家！
我是帕姆·伯纳德，
创意学院的教授！让
我们用文字和音乐的
力量激起地球人对火
星的兴趣吧！

太空词汇表

把你在《火星日记》学到的空间和科学词汇列成一张
表。从中选一些你学会的新单词编一首歌曲或口头作品，
让你的作品在地球音乐排行榜上冲击第一名的宝座！

活动 6.3：太空词汇表

活动背景

当学生完成《火星日记》中每一章的五个生词搜索时，请他们将找到的单词添加到词汇表中。这是增加学生科学词汇量的好方法。

活动组织

首先将"词汇找找看"中找到的词汇合成一个词汇库，然后请学生将学过的其他科学词汇归纳进来，最后从字典中查找单词的定义。

如果条件允许，为学生提供乐器，或用声音和拍手代替乐器。

答案

"词汇找找看"游戏中的词汇定义：

外星人：一种存在于地球之外的生命形式。

宇航员：受过太空旅行训练的人。

大气层：某些行星体地表以上的气体层。

航天员：一群训练有素共同工作的人。例如一起操纵宇宙飞船的船员。

钻孔机：一种前部尖锐突起的机器，通过旋转在物体（如岩石）中钻孔。

地球：距离太阳的第三颗行星，已知的唯一存在生命的星球，人类的家园。

紧急情况：出现问题需要立即处理的情况。

能量：使事物运转的力量或能量，例如光和热。

火星生命漫游车（ExoMars）：欧洲航天局的下一个火星任务，将安排一个机器人登陆火星表面寻找生命。

实验：为了了解某些事情，在受控条件下设计的科学测试。

化石：已经石化的古代生命形式的遗存。

燃料：储存起来用来驱动某物的能源。

齿轮：一种带齿的盘或轮，与类似的盘或轮啮合以产生运动。

重力：两个物体之间的引力。物体越重，引力越大。

湿度：蒸发到空气中的水的含量。

所需资源

- 词典
- 乐器（可选）

发明：创造或设计以前从未存在过的东西。

杠杆：在支点上转动的硬杆，用来施加力来移动某物。

火星：离太阳第四远的行星，曾经像地球一样，但现在是寒冷的沙漠。

力学：物理学的一个分支，用来描述力和物体的运动。

水星：离太阳最近的行星，体积小，富含金属，一面极热，另一面极冷。

措施：某种做事情的方法。

山：周围土地海拔大大增高的隆起的部分。

核：一种能量来源，源于储存在原子之间的能量被释放出来，原子是构成物质的粒子。

轨道飞行器：停留在行星轨道上而不着陆的航天器。

支点：杠杆围绕运动的中心点。

推进：推动某物向前的动作。

滑轮：一种带槽的轮子，上有绳索，用于提升物体。

辐射：粒子释放出的能量，会对人类造成严重伤害。

招募：雇用某人做某项工作。

资源：自然界提供的物质，可以用作燃料，以及制造物品的材料。

机器人：能够自动完成任务的机器。

漫游车：一个可以四处行走的机器人，代替人类被送到其他星球去考察环境。

安全：为保护某物免受危险或伤害而采取的步骤。

卫星：放置在行星轨道上收集或传递信息的人造物体。

锋利物：一种边缘锋利，能把某物切割成碎片的物体。

太阳的：与太阳有关事物。

宇宙飞船：为太空旅行而设计的交通工具。

可持续的：可以长期使用或作用于的东西。

温度：衡量物体冷热程度的计量方式。

涡轮：利用运动推动轮子并产生动力的机器。

乌托邦：想象中的一切都完美的地方或时间。

交通工具：把人或物体从一个地方转移到另一个地方的工具。

金星：离太阳第二远的行星，大小与地球相似，但由于强烈的温室效应而极其炎热。

火山：一种锥形的山，能喷发出熔岩、火山灰和热气体。

风：气体在大气中的运动。

课堂提问

- 为什么给生词定义非常重要？

- 音乐节拍是什么？

- 什么是音节？我们如何计算一个单词有多少个音节？

额外的挑战 / 拓展活动

在学校集会或社区活动上表演你的歌曲 / 诗歌。

用平板或其他设备上的相机为你的歌曲拍摄音乐视频，使用 iMovie 或类似的应用程序进行编辑。

差异化教学思路

支持：

- 给学生分配单词，结对或以小组为单位查找单词定义。

- 以班级或小组为单位创作一首歌曲。

挑战：

- 让学生使用印刷版词典检索，而不是在网上搜索定义。

教学小贴士！

使用熟悉的曲调作为歌曲创作的基础，或者使用熟悉的诗歌结构作为口头作业的基础，用太空词汇表中的单词替换诗歌中的词汇。

更多《太空日记》系列图书

激励每个学生像科学家一样思考！

图书在版编目（CIP）数据

火星日记：指导用书 / (英) 露西·霍金著；何一杭译.—长沙：湖南科学技术出版社，2025.3
（太空日记）
ISBN 978-7-5710-2790-2

Ⅰ. ①火… Ⅱ. ①露… ②何… Ⅲ. ①科学知识—小学—教学参考资料 Ⅳ. ①G623.63

中国国家版本馆 CIP 数据核字(2024)第 058376 号

湖南科学技术出版社获得本书中文简体版出版发行权。
著作权合同登记号:18-2024-106

HUOXING RIJI: ZHIDAO YONGSHU
火星日记：指导用书
著　　者：[英]露西·霍金
译　　者：何一杭
出 版 人：潘晓山
责任编辑：王梦娜 李 蓓 孙桂均
营销支持：周　洋
出版发行：湖南科学技术出版社
社　　址：长沙市芙蓉中路 416 号
网　　址：http://www.hnstp.com
湖南科学技术出版社天猫旗舰店网址：
　　　　　http://hnkjcbs.tmall.com
邮购联系：本社直销科 0731-84375808
印　　刷：长沙三仁包装有限公司
厂　　址：长沙市宁乡高新区泉洲北路 98 号
邮　　编：410604
版　　次：2025 年 3 月第 1 版
印　　次：2025 年 3 月第 1 次印刷
开　　本：880 mm*1230 mm　1/16
印　　张：8.25
字　　数：168 千字
书　　号：ISBN 978-7-5710-2790-2
定　　价：65.00 元